2022 개정 교육과정
**인공지능
융합 프로젝트
수업 키트**

All In One

2022 개정 교육과정
인공지능
융합 프로젝트
수업 키트

AI

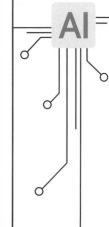

박지헌 · 임현빈 · 최은희 · 김동건
하지수 · 하혜지 지음

디지털 · AI 교육 환경에 맞는
교수 · 학습 및 평가체제 구축

좋은땅

들어가며

1940년대 앨런 튜링에 의해 처음 정의된 AI는 80년이 넘는 세월 동안 여러 발전을 거듭하여, 현재의 ChatGPT나 Gemini와 같은 초거대 언어 모델(LLM)에서부터 단백질 구조 예측과 같은 구조 예측 모델, 자율 주행으로 대표되는 통합 AI 모델 등 산업 전반에 큰 영향을 미치는 수준까지 이르게 되었습니다. 앞으로는 어떤 기술이 등장하게 될까요? 불과 10년 전까지만 해도 AI 기술은 그저 SF 소설에나 등장하는 '먼 미래의 기술'로 여겨졌던 것을 생각하면, 우리는 감히 미래를 예측할 수 있을까요?

지금은 상상할 수 없는 더 많은 발전이 앞으로 AI를 통해 이루어질 것이라는 예측은 어느 학자도 부정하지 않습니다. 그럼 이렇게 격변하는 기술의 발전 속에서 우리 학생들은 어떤 미래를 맞이하게 될까요? 그들이 미래의 시대를 살아가기 위해 갖춰야 할 역량은 무엇일까요?

본 저자들은 이와 같은 질문에 답하기 위해 모였습니다. 각 저자들은 AI 교육을 위해 다양한 분야를 연구하고 있는 교사이며, 미래의 인재들을 길러 내기 위해 최전선에서 활동하는 현장 전문가입니다. 격변하는 미래에 대응하기 위해 학생들에게 어떠한 교육이 필요한지 치열하게 고민한 결과를 이 한 권의 책에 담아내게 되었습니다.

본 책의 1부에서는 먼저 AI 교육을 함에 있어 선생님들께서 꼭 알아 두서야 할 AI에 대한 기본 지식을 수록했습니다. 2부에서는 'AI 자체'를 학생들에게 가르치기 위한 프로젝트를 수록했습니다. 이를 통해 학생들이 AI가 어떠한 과정을 거쳐 발전했는지, AI를 이해하기 위해서는 어떤 지식이 필요한지를 언플러그드 교육을 통해 이해할 수 있도록 설계했습니다. 3부는 학생들이 블록프로그래밍을 통해 직접 AI를 제작하여 문제를 해결할 수 있도록 프로젝트 수업을 마련했습니다. 실생활에서 마주할 수 있는 문제를 해결하는 과정에서 AI를 직접 만들어 보고 이를 활용함으로써 AI 역량을 기를 수 있도록 했습니다. 4부에서는 저희 저자들이 다양한 수업, 연수, 강의 경험을 바탕으로 현재 교육 현장에서 가장 많이 사용되는 AI 도구를 선정하여, 교과 지식과 함께 학생들의 삶에서 발생할 수 있는 문제를 해결할 수 있는 프로젝트를 구상하여 수록하였습니다. 부록에서는 각 프로젝트에서 사용되는 AI 도구에 대한 사용법을 간략하게 실어 놓았습니다.

본 책을 통해 다양한 프로젝트 수업 사례를 제시함으로써 학생들이 단순한 교과 지식이나 AI에 대한 기초 개념, AI 도구의 기능 이해에 그치는 것이 아니라, 그러한 지식을 바탕으로 하나의 문제를 해결하는 과정 속에서 배움이 일어나도록 구상하였습니다. 또한 실제 프로젝트 수업에서 사용한 지도안, 교수 유의점을 수록하고, QR코드를 통한 수업 자료를 배포하여 바로 현장에서 활용하실 수 있도록 제작하였기에 AI 교육에 어려움을 겪고 계실 선생님들께 하나의 방향을 제시할 수 있을 것입니다.

저자 일동

차례

1부

선생님이 알아야 할 AI

AI 교육에 대한 관심이 갈수록 증가하고 있습니다. 사회에서는 각종 미디어에서 AI에 대해 이야기하고, 정부에서는 미래교육, 교육혁명 등 다양한 정책적 변화를 발표하고 있습니다. 이러한 거대한 시대의 변화 속의 교사로서 우리는 어떻게 대비해야 할까요? 아니, 그 전에 도대체 AI가 무엇이기에 이렇게 사회 전반적인 파장을 일으킬 수 있을까요? 여기, 선생님들께서 반드시 알고 계셔야 할 AI에 대한 아주 기본적인 이야기를 시작하고자 합니다.

1.
여기도, 저기도, 교육도 인공지능

4차 산업혁명과 인공지능(AI, Artificial Intelligence). 이 두 단어는 어느덧 일상적인 말이 되었습니다. 사실 이 두 단어가 이토록 많은 관심을 받은 것은 그리 오래되지 않았습니다. Google Trends(구글 트렌드)의 검색량 추이를 보면 2016년부터 전 세계적으로 "4th industrial revolution(4차 산업혁명)" 검색량이 급증했지요. 다소 모호한 개념이라는 비판에도 불구하고 4차 산업혁명이라는 용어는 2015년경 처음 등장한 이후 지금까지 꾸준한 관심을 받고 있습니다.

특히 대한민국에서 '4차 산업혁명'과 함께 관심도가 폭발적으로 늘어난 검색어가 하나 더 있습니다. 바로 '인공지능'입니다. 2016년 3월을 기점으로 인공지능 검색량이 거의 수직으로 상승했는데, 대한민국과 전 세계의 관심을 한 몸에 받은 '구글 딥마인드 챌린지 매치' 즉 이세돌 九단과 알파고의 대결이 큰 역할을 했습니다. 그전에도 인공지능이라는 말은 사용되었지만, 넓은 분야에 걸쳐 자주 언급되지는 않았습니다. 지금은요? 음성 인식, 안면 인식, 의료, 날씨, 자율 주행… 여기도, 저기도 인공지능입니다. 그리고 교육 분야도 예외가 아닙니다.

2022 개정 교육과정이 적용되면서 디지털과 인공지능 교육이 대폭 확대되었습니다. 2022 개정 교육과정(초등)의 네 가지 기본방향 중 하나가 '디지털·AI 교육 환경에 맞는 교수·학습 및 평가체제 구축'입니다. 교육 환경 변화에 부합하는 미래형 교수·학습 방법과 평가체제를 구축해야 한다는 것이지요. 또 교육을 통해 길러야 할 능력과 소양 중 하나로 디지털 기초소양을 제시하고 있습니다.

교육과정의 다른 변화도 한번 살펴볼까요? 디지털·AI 기초소양을 강화하기 위해서 정보교육을 34시간 이상 편성·운영하도록 했습니다. 그리고 국가 교육과정에 제시된 교과 외에 새로운 과목이나 활동을 개설하여 '학교자율시간'을 운영하도록 했는데, 학교자율시간 과목이나 활동으로 정보영역을 선택하는 학교도 많을 것입니다.

많은 선생님이 이미 디지털·인공지능 교육 역량을 갖추고 관련 수업을 진행하고 계십니다. 또 많은 선생님이 디지털·인공지능 분야의 교육 역량을 갖추고자 잘 준비하고 계실 것입니다. 그러나 인공지능이 막연하게 느껴지고, 대체 학생들에게 어떻게 가르쳐야 할지 고민하고 계신 선생님들도 많이 계실 겁니다. 여전히 인공지능을 어떻게 가르쳐야 할지 고민하는 한 사람으로서, 같은 고민을 하고 계실 분들과 이 내용을 나누고 싶습니다.

2.
인공지능 교육, 무엇을 어떻게 가르칠 것인가

　'인공지능 교육'은 굉장히 넓은 범위의 교육을 포함하고 있기에 사람마다 다르게 정의할 수 있고 다양하게 분류할 수 있습니다. 그러나 큰 줄기를 봤을 때 교육 현장에서의 인공지능 교육은 '인공지능에 관한 교육'과 '인공지능 활용 교육' 두 가지로 나눌 수 있습니다.

　'인공지능에 관한 교육'은 학생들이 인공지능의 기본 개념과 원리를 이해하도록 돕는 것을 목표로 합니다. 예를 들어, 인공지능이란 무엇인지, 어떻게 작동하는지, 어떤 종류가 있는지 등을 배우는 것입니다. 이러한 교육은 학생들이 단순히 인공지능을 사용하는 것을 넘어, 그 원리와 작동 방식을 이해하고 더 나아가 인공지능의 발전 과정과 그 사회적 영향에 대해 생각해 볼 수 있는 기회를 제공합니다.

　'인공지능 활용 교육'은 학생들이 인공지능 도구와 기술을 실제로 사용해 보는 경험을 제공하는 것을 목표로 합니다. 최근 몇 년 동안 디지털 교과서, 디지털·인공지능 교육 캠프, 스마트기기 보급 등 다양한 방법과 사업을 통해 학교 현장에 인공지능 활용 교육이 도입되고 있습니다. 이러한 교육은 학생들에게 흥미와 호기심을 불러일으키고, 인공지능 기술을 직접 체험해 볼 수 있는 기회를 제공합니다.

그러나 인공지능 활용 교육이 단순히 체험과 흥미 위주의 교육으로만 그치지 않으려면 인공지능에 관한 교육과 통합적으로 이루어져야 합니다. 이러한 통합적 접근을 통해 학생들은 인공지능을 단순한 기술이 아닌 실생활에서 유용하게 활용할 수 있는 도구로 이해하게 됩니다. 또, 인공지능을 통해 창의적이고 비판적으로 사고할 수 있는 능력을 기를 수 있게 됩니다.

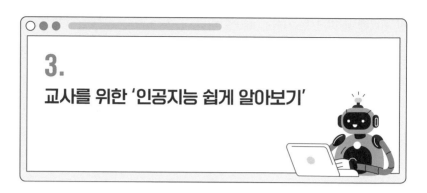

3.
교사를 위한 '인공지능 쉽게 알아보기'

'인공지능에 관한 교육'이든 '인공지능 활용 교육'이든 교사의 이해가 선행되지 않는다면 학생들에게 효과적으로 전달하기 어렵습니다. 교사가 학생들에게 인공지능 교육을 하기 위해서는 교사 자신이 인공지능을 이해하고 있어야 하죠.

물론 교사가 인공지능 분야의 전공자나 전문가 수준의 이해도를 갖출 필요는 없습니다. 이번 장에서는 내용의 엄밀성이나 전문성보다는 인공지능에 관한 이론적 배경, 역사, 종류, 학습 방법 등을 축약하여 편히게 읽는 것에 주안점을 두었습니다. 인공지능을 쉽고 가깝게 느끼는, 인공지능 교육에 관심을 가지는 작은 계기가 되기를 소망합니다.

가. 인공지능으로의 발전 과정

우리는 많은 '일'을 하며 살아갑니다. 아무 일이나 한번 떠올려 볼까요? 아침에 일어나 몸을 씻는 '일', 아침을 차리는 '일', 출근을 위해 이동하는 '일', 출근해서 내 교실을 찾아가는 '일'… 사실 생각해 보면 일 아닌 일이 없습니다. 그런데 우리가 하는 일과 옛날 사람들이 하는 일의 강도가 같을까요? 비교를 위해 '무거운 물건을 옮기거나 먼 거리를 이동하는 일'을 한번 생각해 봅시다.

옛날 사람들은 맨몸으로 무거운 물건을 옮겨야 했습니다. 맨몸으로 먼 거리를 이동해야 하는 경우도 많았죠. 인간은 다른 동물들에 비해 신체적 능력이 뛰어난 동물이 결코 아닙니다. 당연히 맨몸으로 일을 할 때는 많은 어려움이 있었을 겁니다. 피로와 부상의 위험이 있고, 신체의 한계가 곧 이동 거리와 적재량의 한계였습니다. 일은 힘든 것이었지요.

우연한 기회였든 오랜 고민의 결과였든, 사람들은 '일을 쉽게 할 수 있는 방법'을 찾게 됩니다. 주변에서 흔히 볼 수 있는 나무, 돌, 넝쿨 등을 이용해서 간단한 물건을 만들었지요. 원시적인 형태의 바구니, 지게 등으로 많은 물건을 효율적으로 옮길 수 있게 되었고, 바퀴의 발명 후에는 수레를 통해 무거운 물건을 옮기거나 먼 거리를 이동하는 일이 쉬워졌습니다.

이러한 물건들을 **도구**'라고 합니다. 도구의 사전적 정의는 '일을 할 때 쓰는 연장을 통틀어 이르는 말'입니다. 사람의 일을 쉽게 만들어 주는 물건, 사람의 힘을 직접 이용해 작업을 수행하는 간단한 장치라고 할 수 있습니다. 도구를 사용하니 일이 편해졌지만, 사람이 내려놓은 지게가 물건을 옮기지는 못하듯 여전히 대부분의 일은 사람이 직접 해야 했습니다. 여전히 일은 힘든 것이었지요.

사람들은 '일을 더 쉽게 할 수 있는 방법'을 찾게 됩니다. 절구와 물레방아를 비교해 볼까요? 둘 다 곡식을 갈거나 빻는 용도로 쓰입니다. 그러나 절구는 사람이 직접 절굿공이를 들고 일을 해야 하지만, 물레방아는 곡식을 가져다 넣으면 자동으로 곡식을 갈거나 빻는다는 차이점이 있습니다. 이러한 도구들을 '**기계**'라고 합니다. 기계의 사전적 정의는 '동력을 써서 움직이거나 일을 하는 장치'입니다. 동력을 '엔진이나 모터 등의 장치가 연료를 태워서 나오는 힘'으로 정의한다면, 사람이나 동물이 끄는 수레는 도구, 증기 기관을 사용한 최초의 자동차부터는 기계라고 할 수 있습니다. 기계를 '자동'과 '반복'이 가능한 도구라고 부를 수도 있습니다. 동력을 써서 자동으로 반복해 이동하는 기계인 자동차를 통해, 사람들은 무거운 물건을 옮기거나 먼 거리를 이동하는 일을 더 쉽게 만들었습니다. 기계를 사용하니 일이 더 편해졌지만, 초기의 자동차는 가고 서는 '이동'밖에 하지 못했습니다. 아니, 자동차는 이동 수단인데 이동만 잘하면 되지 않냐고요? 불만이 발전의 원동력이라는 말, 들어 보셨나요? 사람들은 이동만 하는 자동차에 불만이 많았습니다.

사람들은 '일을 더, 더 쉽게 할 수 있는 방법'을 찾게 됩니다. 초기의 자동차와 비교했을 때 20~30년 전 출시된 자동차는 어떤가요? 이동의 기능뿐 아니라 에어컨이나 히터를 사용하고, 음악이나 라디오를 들을 수 있었습니다. 이때의 자동차는 공조 시스템이나 음악 재생 등의 기능이 각각 독립된 시스템으로 존재했습니다. 다시 말하면 당시 자동차는 이동의 기능을 하는 기계와 온도를 조절하는 기계, 음악을 틀어 주는 기계를 결합한 복잡한 기계라고 할 수 있습니다. 이제 요즘 출시되는 자동차를 봅시다. 주행뿐 아니라 온도 조절, 음악 재생, 내비게이션 등을 하나의 컴퓨터 시스템으로 제어합니다. 최근의 자동차는 기계라기보단 여러 기능을 하나로 통합한 스마트 디바이스라고 볼 수 있습니다.

이러한 기계들을 '**컴퓨터**'라고 합니다. 컴퓨터의 사전적 정의는 '전자 회로를 이용한 고속의 자동 계산기'입니다. 기계와 컴퓨터의 차이도 여러 관점에서 설명할 수 있으나, '기계는 주로 한 번에 한 가지 작업을 수행하지만 컴퓨터는 여러 작업을 동시에 수행할 수 있다.'고 말할 수 있겠습니다. 이런 관점에서 예전과 지금의 자동차를 비교해 보면 예전의 자동차는 기계, 지금의 자동차는 컴퓨터겠지요. '컴퓨터' 하면 떠오르는 데스크톱, 노트북 외에도 태블릿, 스마트폰, 게임기 등이 모두 컴퓨터의 일종입니다. 무거운 물건을 옮기거나 먼 거리를 이동하는 방법의 발전 과정을 그림으로 정리해 보겠습니다.

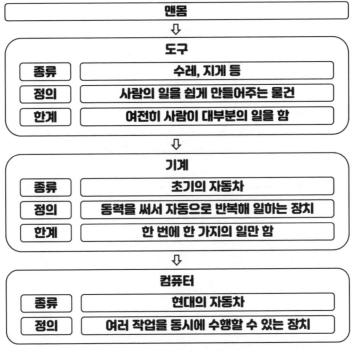

〈그림 1〉 무거운 물건을 옮기거나 먼 거리를 이동하는 방법

자, 지금까지의 과정을 돌이켜 봅시다. 사람들은 도구를 만들었고, 도구를 발전시켜 기계를 만들었으며, 기계를 발전시켜 컴퓨터를 만들었습니다. 도구, 기계, 컴퓨터 모두 일을 더 쉽게 하려고 만든 것입니다. 사람들은 여기서 만족하지 않았고, 일을 더, 더, 더 쉽게 할 수 있는 방법을 찾아내 계속 발전시키고 있습니다. 여러분이 알고 계신 대로, 그 방법은 바로 인공지능입니다. 이를 그림으로 나타내면 다음과 같습니다.

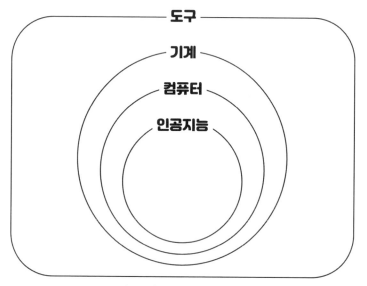

〈그림 2〉 일을 쉽게 할 수 있는 방법

인공지능에 관한 내용은 잠시 후 다시 알아보기로 하고, 우선 그림을 통해 몇 가지 내용을 강조하고 싶습니다.

첫째, 제목에서 알 수 있듯이 도구, 기계, 컴퓨터, 인공지능은 모두 '일을 쉽게 할 수 있는 방법'입니다. 각 집합은 할 수 있는 일의 수준에는 차이가 있지만, 일을 쉽게 하기 위한 것이라는 목적은 같습니다. 기계, 컴퓨터, 인공지능이라고 해서 다른 목적이 있는 것이 아닙니다.

둘째, 기계, 컴퓨터, 인공지능 모두 도구의 일종입니다. 집합 사이의 포함관계로 나타낸 것처럼 상위 집합인 도구는 하위 집합들을 포함하고 있고, 각 집합의 위계는 '일을 쉽게 할 수 있는 정도'에 따라 정해집니다.

이 두 내용을 종합하면 '**도구, 기계, 컴퓨터, 인공지능은 모두 일을 쉽게 할 수 있는 도구의 일종이다.**'가 됩니다. 많은 사람이 인공지능이라는 말을 들었을 때 막연하고 멀리 떨어져 있는 것, 어려운 것, 과학과 수학, 컴퓨터 공학의 결정체, 뭔가 대단한 일을 하는 것이라고 느낍니다. 하지만 결국 인공지능의 본질은 일을 쉽게 하기 위한 도구라고 생각하면 인공지능이 가깝고 편하게 느껴지실 겁니다. 선생님들께서 인공지능을 편하게 느끼는 것이 인공지능 교육의 첫 단계입니다.

'인공지능으로의 발전 과정'의 내용을 두 가지로 정리하고 마무리하려고 합니다.

첫째, 인공지능으로의 발전은 사람들이 만들어 낸 연속적인 흐름입니다. 인공지능은 누가 만들었는지도 모르게 허공에서 갑자기 나타난 것이 아니라, 사람의 손으로 만들어 낸 흐름의 결과입니다.

둘째, 인공지능은 일을 쉽게 할 수 있는 도구입니다. 편지든 전보든 음성 인식 인공지능으로 보내는 메시지든 모두 소식을 전하는 일을 쉽게 할 수 있는 도구이며, 인공지능은 단지 현재 가장 발전된 형태의 도구입니다. 이 두 가지를 기억하시고, 부쩍 가깝고 편해진 인공지능을 좀 더 알아볼까요?

나. 인공지능의 발전 과정

초등학생 시절 '미래 사회의 모습'을 주제로 그림을 그렸던 기억, 한 번쯤은 다 있으실 겁니다. 혹시 미래의 자동차를 어떻게 상상했는지도 기억이 나시나요? 아마 가장 많이 나온 아이디어는 하늘을 나는 자동차와 스스로 운전하는 자동차. 이 두 가지였을 겁니다. 하늘을 나는 자동차는 잘 모르겠지만, 스스로 운전하는 자동차는 우리 곁에 꽤 많이 다가왔습니다. 자율 주행 자동차, 다들 들어 보셨지요?

맨몸에서 수레, 초기의 자동차, 현대의 자동차로 이동 수단이 발전하며 기능은 많아졌고 사람의 일은 줄었습니다. 이제 사람들은 편안한 의자, 쾌적한 온도, 듣고 싶은 음악, 내비게이션의 안내와 함께 목적지까지 갈 수 있습니다. 하지만 맨몸이든 수레든 초기의 자동차든 현대의 자동차든 핵심적인 일 한 가지는 사람밖에 할 수 없었습니다. 바로 운전입니다.

사람들은 일을 더, 더, 더 쉽게 할 수 있는 방법을 찾게 됩니다. 이제 일을 더 쉽게 하려면 운전마저 사람에게서 떼어 놓아야 합니다. 사람만 할 수 있는 운전을 어떻게 사람에게서 떼어 놓을 수 있을까요? 사람들은 생각했습니다. '사람처럼 생각하고 행동하는 무언가를 만들자!' 네, 바로 인공지능입니다.

인공은 '인간이 만들어 낸'이라는 뜻이고, 지능은 '학습, 추론, 문제 해결, 이해 등과 같은 지적 능력'입니다. 그렇다면 인공지능은 '학습, 추론, 지각 능력 등을 인공적으로 구현해 낸 것'이라고 할 수 있겠네요. 표준국어대사전에 따르면 인공지능은 "인간의 지능이 가지는 학습, 추리, 적응, 논증 따위의 기능을 갖춘 컴퓨터 시스템"입니다. 사람들은 인공적으로 사람의 지능을 구현하기 위한 노력을 시작했습니다. 세세한 연도, 전문적인 용어, 복잡한 이론과 개념이 많지만 과감하게 딱 두 단계로 나눠 보겠습니다.

1) 규칙 기반 인공지능

인공지능 개발 연구는 20세기 중반 컴퓨터의 발전과 함께 빠르게 진행되었으며, 인공지능이라는 개념도 이때 구체화되었습니다. 1950년대에 시작된 초기의 인공지능 연구는 주로 규칙 기반 접근과 기호 처리에 중점을 두고 이루어졌습니다. 미리 정해 둔 규칙과 조건을 기반으로 결정을 내리고 문제를 해결하려는 시도였지요. 이 시기 인공지능 연구의 결과물 중 대표적인 것으로 체스 프로그램이 있습니다. 초기 인공지능 연구는 몇몇 성과를 보였고, 인공지능에 대한 기대는 점점 높아졌습니다. 그러나 1970년대 후반부터 여러 한계를 마주한 인공지능 연구는 높아진 기대감을 따라가지 못했습니다. 정부나 기업들의 관심과 지원이 줄어들며 인공지능 연구는 침체기를 맞이하게 되는데, 이 시기를 1차 AI(인공지능) 겨울이라고 부릅니다.

1980년대, 기존 인공지능 연구에서 한계로 지적되었던 부분들에 대한 해결책이 제시되며 인공지능 연구에는 다시 활기가 돌았습니다. 이 시기 큰 성과를 보였던 '전문가 시스템' 중 의료 전문가 시스템을 예로 들면 환자의 증상, 검사 결과, 앓았던 병 등을 입력했을 때 규칙에 따라 가장 확률이 높은 진단을 내릴 수 있었습니다. 이러한 전문가 시스템은 특정 분야에서 뛰어난 성능을 발휘하며 상업적으로 큰 성과를 보였습니다.

이 시기까지 인공지능 연구의 중심이 되었던 방식은 규칙 기반 시스템입니다. 명확하게 정의된 규칙을 사용해 특정 작업을 수행하는 방식이지요. 규칙 기반 시스템은 미리 정해진 규칙을 따라 작동하기 때문에 이해하기 쉬웠고, 빠르고 일관된 결과를 제공하는 장점이 있었습니다. 그러나 불확실하거나 복잡한 문제를 해결하는 데는 한계가 있었습니다. 다음 그림을 함께 살펴볼까요?

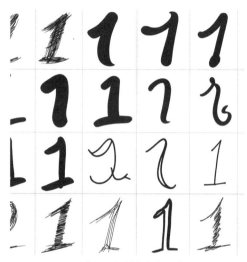

〈그림 3〉 여러 형태의 숫자 1

인공지능이 만들어 준 그림인데 어떤가요? 세세한 부분이 조금 아쉽지만, 한 문장 입력의 결과물로는 훌륭합니다. 아무튼, 여러분은 이 숫자가 무엇으로 보이시나요? 몇 개 헷갈리긴 하지만, 우리는 쉽게 알 수 있습니다. 숫자 '1'입니다.

그러면 우리가 인공지능 개발자라고 가정하고, 인공지능이 손으로 쓴 숫자 1의 모양을 구분할 수 있도록 **인공지능에게 규칙을 한번 부여해 보겠습니다.**

○ 세로로 긴 직선이 있으면 1일까요? 어떤 1은 세로선이 직선이 아닌
  곡선입니다.

○ 아래쪽에 가로선이 있어야 1일까요, 없어야 1일까요?

○ 선의 굵기는 어느 정도여야 할까요?

열 명에게 숫자 1을 써 보라고 하면 모양이 모두 다르겠지만, 사람은 모두 알아볼 수 있습니다. 열 명에게 "안녕"이라는 같은 말을 하게 하면 목소리 높이, 크기, 억양이 모두 다를 테지만, 사람은 모두 "안녕"이라고 알아들을 수 있습니다. 그러나 규칙 기반 인공지능은 손글씨나 자연어를 구분하는 데 상당한 한계가 있습니다.

이와 같이 사람은 쉽게 판단하지만 인공지능에게는 어려운, 명확하게 규칙을 줄 수 있는 분야는 한정적입니다. 따라서 규칙 기반 인공지능이 적용될 수 있는 분야도 한정적일 수밖에 없었습니다. 경제적인 측면에서 더구나 시스템의 개발과 유지에는 높은 비용이 들었고, 그 성능 역시 한계를 보였습니다. 결국 1980년대 후반부터 인공지능 연구는 다시 침체기를 맞이했습니다. 이 시기를 2차 AI(인공지능) 겨울이라고 부릅니다.

2) 인공신경망 기반 인공지능

1990년대 들어 다시 인공지능이 주목받기 시작했는데 그 이유에 인공신경망의 등장이 있습니다. 인공신경망은 인간의 뇌 구조를 모방한 모델입니다. 인간의 뇌에는 자극을 받아들여 전달하는 세포인 뉴런이 있습니다. 인간 뇌는 약 1,000억 개의 뉴런을 갖고 있고, 뉴런의 끝에 있는 시냅스가 다른 뉴런과 연결되어 정보를 전달하는 역할을 합니다. 자주 연결되

는 뉴런끼리는 강하게 연결되는데, 이것을 학습이라고 부릅니다.

잔디밭을 떠올려 볼까요? 어떤 사람이 매일 잔디밭을 가로질러 걷는다면, 그 경로대로 잔디가 없어지고 길이 생길 것입니다. 인간의 뇌도 비슷합니다. 어떤 사람이 매일 같은 글귀를 읽는다면, 그 정보를 전달하는 뉴런끼리의 연결이 강해져 어느 순간 글귀를 외우게 될 것입니다. 잔디밭에 길이 생기는 것처럼요. 인간은 이런 과정을 통해 학습하게 됩니다. 인공신경망은 이러한 인간 신경의 작동 원리를 인공적으로 구현한 것입니다.

인간의 지능을 인공적으로 구현하기 위해 인간 신경의 작동 원리를 모방하는 것은 대단히 합리적으로 보입니다. 인간이 학습하는 방식대로 인공지능을 학습시키는 것이니까요. 그러나 인공신경망 시스템은 컴퓨터 하드웨어의 성능이 매우 낮은 1950년대에 등장했고, 현실적 한계로 인해 한참 동안 사실상 이론에 머물렀습니다. 그러다 1990년대부터 하드웨어의 발전, 대규모 데이터의 등장과 함께 인공신경망 인공지능은 발전하기 시작했고, 2000년대에 들어 이 발전은 급격히 가속화되었습니다.

인공신경망 인공지능의 학습이 잘 이루어지기 위해서는 많은 양의 재료, 즉 데이터가 필요하며, 데이터를 처리할 수 있는 연산 속도가 확보되어야 합니다. 인터넷, 스마트폰, SNS의 발달로 인해 그 전과는 비교도 할 수 없을 만큼 많은 데이터가 매일 생산되었고 그와 함께 급속도로 하드웨어가 발전함으로써 학습 속도도 빨라진 덕분에 인공신경망 인공지능은 엄청난 발전을 이루게 되었죠.

그렇게 인공신경망의 발전을 통해 딥 러닝(Deep Learning)이란 개념이 등장하게 되었습니다. 딥 러닝은 인공신경망을 기반으로 하는 기계 학습의 한 분야입니다. 인공신경망은 입력층, 은닉층, 출력층으로 구성되는데, 은닉층의 수가 많아지면 더 많은 요소를 고려할 수 있기에 일반적인 상황에서 더 뛰어난 성능을 발휘할 수 있습니다. 일반적으로 은닉층이 1~2개일 경우 인공신경망으로, 은닉층이 3개 이상일 경우 딥 러닝으로 부릅니다.

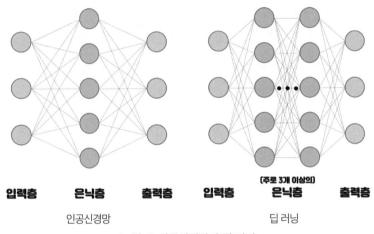

| 입력층 | 은닉층 | 출력층 | 입력층 | (주로 3개 이상의) 은닉층 | 출력층 |

인공신경망   딥 러닝

〈그림 4〉 인공신경망과 딥 러닝

2017년 인공지능은 인간을 이기지 못할 것이라고 여겼던 바둑에서 인간을 상대로 승리한 알파고. 이 알파고가 바둑을 학습한 방법이 바로 딥 러닝입니다. 엄청난 양의 바둑 대결 데이터를 통해 바둑의 규칙을 학습한 후, 자기 자신과의 대결을 통해 이기는 방법을 익혔다고 합니다. 이처럼 인공신경망 기반의 딥 러닝 인공지능은 복잡한 패턴을 학습하고 인식하는 능력이 뛰어납니다. 또 학습한 결과를 바탕으로 새로운 데이터를 예측할 수 있고, 일부 데이터의 오류가 있어도 높은 성능을 유지한다는 장점이 있습니다.

'인공지능의 발전 과정'의 내용을 정리하고 마무리하려고 합니다. 과거에는 규칙 기반 인공지능이 인공지능 연구 및 응용의 주류였습니다. 이 방식은 특정 상황에서 잘 정의된 문제를 해결하는 데 효과적이었으나, 복잡하거나 예측 불가능한 상황에서의 한계가 명확했습니다. 하지만 현재는 딥 러닝 방식의 인공지능이 인공지능의 주류로 자리 잡았습니다. 이 방식은 데이터에서 패턴을 학습하고, 이를 바탕으로 복잡한 문제를 해결할 수 있는 능력이 뛰어나기 때문에 이미지 인식, 음성 인식, 자연어 처리 등 다양한 분야에서 딥 러닝이 주도적인 역할을 하고 있으며, 다양한 갈래로 발전해 가고 있습니다.

그러나 규칙 기반 인공지능이 사라진 것은 아니며, 여전히 특정 상황에서는 중요하게 활용되고 있습니다. 이처럼 여러 상황마다 효과적인 인공지능은 다를 수 있고, 각 상황에 적합한 인공지능 모델을 찾기 위해 사람들은 지금도 노력하고 있습니다. 인공지능의 발전 과정은 현재진행형입니다.

다. 인공지능의 학습 방법

사람들은 학습을 위해 다양한 방법을 사용합니다. 학습 내용이나 학습 기간, 학습 목적에 따라 학습 방법은 달라지는데, 이는 인공지능도 마찬가지입니다. 인공지능의 학습 방법에도 여러 가지가 있지만 초등학생을 대상으로 하는 선생님들께서 아셔야 할 인공지능의 대표적인 학습 방법 세 가지를 소개해 드리겠습니다.

1) 지도학습

인공지능의 학습 방법 중 첫 번째는 지도학습으로, 지도학습이라는 이름처럼 개발자가 직접 인공지능을 지도해서 학습시키는 방법입니다. 입력 변수와 출력값을 모두 알려 주는, 쉽게 말해 문제와 정답을 둘 다 알려 주는 것입니다. 지도학습은 지도학습-회귀, 지도학습-분류 두 가지로 나뉩니다.

가) 지도학습-회귀

지도학습-회귀는 인공지능에 문제(입력 변수)와 정답(출력값)을 제공하여 학습시킵니다. 그림과 함께 살펴보겠습니다.

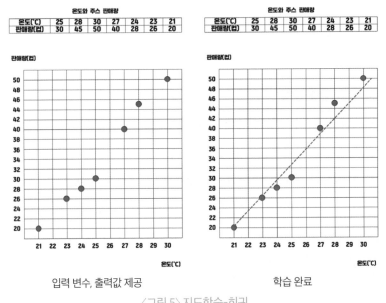

입력 변수, 출력값 제공　　　　　　학습 완료

〈그림 5〉 지도학습-회귀

왼쪽의 그래프처럼 인공지능은 입력 변수(X값 : 온도)에 따른 출력값(Y값 : 주스 판매량) 데이터를 받아 학습합니다. 오른쪽 그래프처럼 인공지능은 학습의 결과로 데이터를 가장 잘 설명하는 선을 그려 내는데, 이 선을 회귀선이라고 합니다.

학습이 완료되어 회귀선을 그린 인공지능은 새로운 입력 변수에 따른 출력값을 예측할 수 있습니다. 그림의 인공지능은 온도가 22도일 때의 주스 판매량 데이터를 받지 않았으나, 회귀선에 따라 온도가 22도일 때의 주스 판매량이 약 23잔일 것으로 예측할 수 있는 것입니다. 마찬가지로 온도가 26도일 때의 주스 판매량을 약 36잔으로 예측할 수 있습니다.

지도학습-회귀는 연속적인 값을 예측하는 경우에 사용됩니다. 입력 변수에 따른 출력값 사이의 관계를 학습하여 새로운 데이터에 대한 값을 예측하는 것으로, 주택 가격·날씨·소득·상품 수요 예측 등에 사용되고 있습니다.

나) 지도학습-분류

지도학습-분류는 인공지능에 문제(입력 변수)와 정답(입력 변수가 속한 클래스)을 제공하여 학습시킵니다. 사진을 보여 줬을 때 어떤 동물인지 구분할 수 있도록 인공지능을 학습시키는 상황을 예로 들어 보겠습니다.

우리의 목표는 인공지능이 독수리, 고양이, 코끼리를 구분하도록 학습시키는 것입니다. 학습을 위해 독수리, 고양이, 코끼리 사진을 각각 100장씩 준비했습니다. 사진은 모두 다른 사진입니다.

○ 독수리 사진 : A1, A2, A3 … A100

○ 고양이 사진 : B1, B2, B3 ⋯ B100

○ 코끼리 사진 : C1, C2, C3 ⋯ C100

이제 인공지능에 문제와 정답을 알려 줘야겠지요? 첫 번째 문제(입력 변수 : A1)와 정답(입력 변수가 속한 클래스 : 독수리)을 알려 줍니다. 이 과정을 반복합니다.

○ A1⊂독수리, A2⊂독수리, A3⊂독수리⋯ A100⊂독수리

○ B1⊂고양이, B2⊂고양이, B3⊂고양이⋯ B100⊂고양이

○ C1⊂코끼리, C2⊂코끼리, C3⊂코끼리⋯ C100⊂코끼리

이렇게 분류된 사진의 특징을 인공지능은 학습을 통해 분석합니다. 여기서 잠깐, 사람은 각 동물의 특징을 분석할 때 '부리', '수염', '코', '상아', '털색깔' 등의 기준을 사용하겠지요? 사람은 이미 이런 기준을 학습한 상태이기 때문입니다. 그러나 인공지능은 이런 학습 데이터와 기준이 없기에 다른 방법을 사용합니다. 바로 사진을 픽셀화하여 하나의 픽셀이 가지고 있는 RGB값을 이용하여 사진을 판별하여 학습하는데요.

Color	Color HEX	Color RGB
	#000000	rgb(0,0,0)
	#FF0000	rgb(255,0,0)
	#00FF00	rgb(0,255,0)
	#0000FF	rgb(0,0,255)
	#FFFF00	rgb(255,255,0)

〈그림 6〉 RGB 컬러 코드

다음 그림을 한번 볼까요?

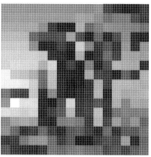

〈그림 7〉 지도학습-분류　　　　　〈그림 8〉 픽셀화된 그림

만약 여러분들이 다리, 귀, 코, 상아 등의 단어를 사용하지 않고 색깔로만 이 사진을 설명해야 한다면 여러분은 어떻게 묘사하실 건가요? '회색 계열 이 사진의 가운데 부분을 넓게 차지하고 있다.' 정도가 되겠지요. 인공지능 은 이와 비슷하게 어느 위치의 픽셀에 어느 RGB 값이 있는지를 분석합니 다. 또 사람이라면 사진의 배경 부분은 신경 쓰지 않고 자연스럽게 코끼리 에 집중하겠지만, 인공지능은 배경과 동물이라는 개념도 없기에 많은 사 진의 픽셀값을 학습하고서야 배경과 동물을 자기 방식으로 구분합니다.

인공지능은 학습을 통해 A1~A100 사진의 특징을 분석해서 '이러한 특 징이 있으면 독수리 클래스'라는 결론을 내립니다. B1~B100, C1~C100 사 진도 마찬가지입니다. 학습이 완료된 인공지능에 A101 사진을 제공하면, 인공지능은 처음 보는 사진임에도 특징을 분석해 독수리 클래스로 분류 할 수 있습니다.

그런데 만약 이 인공지능에 호랑이 사진을 입력하면 어떻게 될까요? 이 인공지능이 학습한 정답에는 독수리, 고양이, 코끼리 클래스밖에 없기에, 호랑이 사진도 독수리·고양이·코끼리 클래스 중 하나에 해당한다고 대답할 것입니다. 독수리, 고양이, 코끼리는 정확하게 구분하지만, 학습 데이터에 포함되지 않은 새로운 클래스를 처리할 수 없죠.

지도학습-분류는 데이터를 분류하는 경우에 사용됩니다. 입력 변수와 클래스 간의 관계를 학습하여 새로운 데이터가 어느 클래스에 속하는지 예측하는 것으로, 스팸 메일 필터링, 음성 인식, 의료 진단 등에 사용되고 있습니다.

2) 비지도학습

인공지능의 학습 방법 중 두 번째는 비지도학습으로, 입력 데이터만 제공하고 정답(출력값) 없이 인공지능을 학습시키는 방법입니다. 이번에도 동물 사진을 제공하며 인공지능을 학습시키는 상황을 예로 들어 보겠습니다.

우리의 목표는 인공지능이 주어진 동물 사진들을 유사성에 따라 그룹으로 묶도록 학습시키는 것입니다. 학습을 위한 입력 데이터는 다양한 동물 사진 1,000장입니다. 인공지능은 사진들을 분석해 각 사진의 특징을 찾고, 스스로 분류 기준을 세워 유사도에 따라 사진들을 군집화합니다. 실제 인공지능의 분석 기준과는 다르지만, 편의상 다음과 같이 나타내 보겠습니다.

○ 사진 1 : 다리 4개, 황토색, 뿔, 꼬리
○ 사진 2 : 다리 4개, 황토색에 검은 줄무늬, 이빨, 꼬리

○ 사진 3 : 다리 2개, 흰색, 날개, 부리

.
.
.

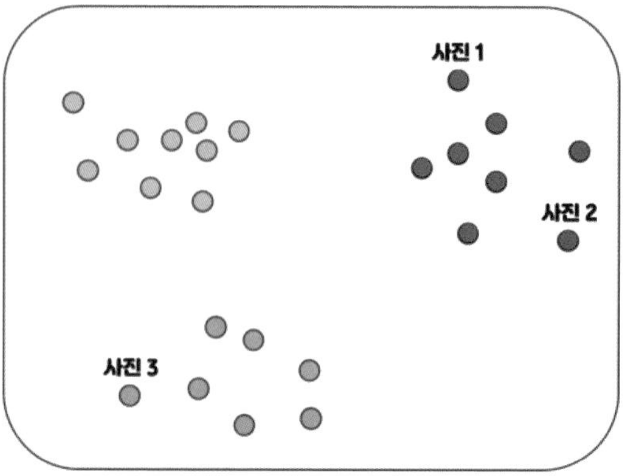

〈그림 9〉 비지도학습

유사도가 높을수록 데이터 사이의 거리는 가깝습니다. 사진 1은 사진 2와는 가까운 거리에, 사진 3과는 그보다 먼 거리에 위치합니다. 자연스럽게 그룹이 형성되지요. 학습이 완료된 인공지능에 1001번 사진을 제공하면, 인공지능은 사진의 특징을 분석해 어느 그룹과 가장 유사한지 판단할 수 있습니다.

그러나 이 인공지능은 1~1000번 사진이 각각 무슨 동물인지는 구별하지 못합니다. 정답을 제공하지 않았기 때문이죠. 따라서 1,000장의 사진 중 여러 장이 고양이 사진이라도, 인공지능이 찾아낸 특징에 따라 고양이 사진이 한 그룹으로 묶이지 않을 수도 있습니다. 지도학습-분류는 입력값 하나하나는 잘 분류하지만 새로운 클래스를 처리할 수 없는 것에 비해,

비지도학습은 입력값 하나하나가 어떤 클래스인지 분류할 수 없지만 특정 클래스에 구속되지 않습니다.

비지도학습은 주어진 데이터의 내재된 구조를 이해하거나 군집을 형성하는 데 사용됩니다. 고객 세분화, 이상 거래 탐지, 추천 시스템 등을 예로 들 수 있습니다.

3) 강화학습

인공지능의 학습 방법 중 세 번째는 강화학습으로, 인공지능이 환경과 상호작용하면서 보상을 최대화하기 위해 행동하도록 학습시키는 방법입니다. 벽돌 깨기 게임을 아시나요? 떨어지는 공을 막대기(bar)로 튕겨 벽돌을 맞히면 벽돌이 사라지고, 공을 막대기로 받지 못하면 게임이 종료됩니다. 게임의 목표는 벽돌을 모두 없애는 것이지요. 강화학습으로 벽돌 깨기 인공지능을 학습시키는 상황을 예로 들어 보겠습니다.

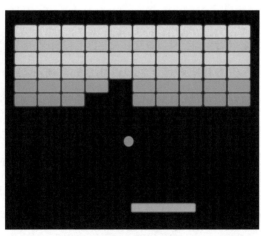

〈그림 10〉 벽돌 깨기

강화학습은 인공지능에게 벽돌 깨기 게임의 규칙과 간단한 원칙인 '게임 점수가 높을수록 긍정적 보상을 받는다'만 알려 줍니다. 인공지능은 게임을 하며 학습하는데, 학습 시작 후 몇 분이 지나도 게임의 규칙이나 이해했는지 의심스러울 정도로 게임을 못 합니다. 그러나 10분, 20분, 한 시간, 시간이 갈수록 실력이 급상승하고, 나중에는 사람이 흉내 내기 어려울 정도의 정확도와 속도로 게임을 클리어합니다. 어떻게 된 일일까요?

사람은 한두 판만 해 보면 공이 벽돌에 튕겨 계속 내려오고, 막대기를 좌우로 움직여 그 공을 다시 벽돌 쪽으로 튕겨 내야 한다는 게임 방법을 쉽게 이해합니다. 처음 게임을 시작한 인공지능은 아무런 정보를 가지고 있지 않기에 무작위로 행동합니다. 사람이 한두 판 만에 게임 방법을 알고 꽤 고득점을 하는 동안, 인공지능은 수많은 무작위 행동으로 시행착오를 겪으며 아직도 몇 초 만에 연신 게임 종료를 당하고 있습니다.

그러나 인공지능이 계속 무작위 행동을 하는 것은 아닙니다. 사람의 시선으로는 '대체 왜 저렇게 하지?' 싶은 행동도 모두 학습 과정이지요. 시간이 갈수록 인공지능은 낮은 점수를 받는 행동은 줄이고, 높은 점수를 받는 행동은 늘려 나갑니다. 시행착오를 겪으며 긍정적 보상을 많이 받는 행동을 학습한 것입니다. 알파고도 강화학습을 통해 바둑을 학습했습니다. 수많은 시행착오 끝에, 한 수마다 승리하기 위한 최적의 방법을 찾아내게 되었습니다.

강화학습은 순차적 의사결정 문제를 해결하는 데 효과적입니다. 순차적 의사결정 문제란 각 상황에 따라 하는 행동이 다음 상황에 영향을 주는 문제를 말하는데, 예를 들어 샤워를 할 때 '1번 옷을 벗는다. 2번 샤워를 한다. 3번 물기를 닦는다. 4번 옷을 입는다'와 같은 문제를 말합니다.

게임 AI, 로봇 제어, 자율 주행 자동차, 로봇 청소기 등 다양한 분야에서 사용되고 있습니다.

자, 이제 '인공지능의 학습 방법'의 내용을 정리하고 마무리하려고 합니다. 인공지능의 학습 방법은 크게 지도학습, 비지도학습, 강화학습으로 나눌 수 있습니다. 지도학습은 다시 지도학습-회귀와 지도학습-분류 두 가지로 나뉩니다.

지도학습은 입력 변수와 출력값, 즉 문제와 정답을 모두 알려 주며 학습시키는 방법입니다. 지도학습 중 회귀는 연속적인 값을 제공해서 학습시키는데, 인공지능은 학습의 결과로 회귀선을 그려 냅니다. 학습이 완료된 인공지능은 새로운 입력 변수에 대한 출력값을 예측할 수 있습니다.

지도학습 중 분류는 입력 변수와 클래스를 제공해서 학습시키는 방법입니다. 학습이 완료된 인공지능은 새로운 입력 변수가 어느 클래스에 속하는지 예측할 수 있습니다.

비지도학습은 입력 데이터, 즉 문제만 제공하고 정답은 알려 주지 않으며 학습시키는 방법입니다. 인공지능은 입력 데이터를 분석해 비슷한 것끼리 데이터를 군집화합니다. 학습이 완료된 인공지능은 새로운 입력 데이터가 어느 그룹과 유사한지 판단할 수 있습니다.

강화학습은 긍정적 보상을 최대화하기 위해 행동하도록 학습시키는 방법입니다. 인공지능은 무작위 행동을 통해 시행착오를 겪으며 학습합니다. 그 결과 부정적 보상은 최소화하고 긍정적 보상은 최대화하는 최적의 경로를 찾습니다.

라. 인공지능의 올바른 활용법

그렇다면 이런 학습 방법들로 훈련된 인공지능은 어떠한 목표를 향해 달려가고, 또 우리는 어떤 마음가짐으로 이러한 도구를 활용해야 할까요?

특정 작업만 잘하는 것이 아니라, 사람처럼 여러 가지 작업을 할 수 있는 인공지능을 강인공지능이라고 부릅니다. 강인공지능은 수학 문제를 풀고, 언어를 번역하며, 음악을 작곡하거나 요리 레시피를 작성하는 등 다양한 능력을 가집니다. 수많은 사람이 연구하고 있지만 지금의 인공지능은 강인공지능 단계에 도달하지 못했습니다.

현재의 인공지능을 약인공지능이라고 부릅니다. 특정 분야나 작업에 특화된 인공지능으로, 학습된 데이터를 기반으로 작동하죠. 음성 인식 인공지능은 음성 인식을, 날씨 예측 인공지능은 날씨 예측을, 자율 주행 인공지능은 자율 주행을 잘하지만 다른 작업을 하지는 못합니다.

현재의 약인공지능도 특정 분야에서는 사람보다 훨씬 뛰어난 능력을 발휘합니다. 아무리 계산을 빠르게 하는 사람도 계산 인공지능보다 빠르지 못하죠. 그러나 아무리 뛰어난 계산 인공지능도 다른 분야에서는 여러분을 이길 수 없습니다. 학습된 분야에서는 지능을 갖추고 있지만, 다른 분야에서는 그렇지 않기 때문입니다.

너무 발전해 인간을 적대시하는 인공지능, 인간이 인공지능의 부하로 전락한 상황에 대한 걱정에도 일리가 있지만 너무 이르거나 과한 걱정이기도 합니다. 이런 것들은 대부분 강인공지능이 불러일으킬 가능성이 있는 문제들입니다. 강인공지능 개발에는 수많은 난관이 있습니다. 사실 강인공지능이 무엇인지 명확하게 정의조차 하기 어렵고, 개발 자체가 가능한 일인지에 대한 의문도 끊이지 않습니다.

물론 언젠가는 강인공지능이 개발될 수도 있습니다. 하지만 우리 인간의 적응력과 가능성을 과소평가하지 말아야 합니다. 우리가 걱정하는 인공지능도 결국 우리 손으로 만든 것입니다. 그동안 인간에게는 환경의 변화와 큰 위기가 많았습니다. 하지만 우리는 결국 적응하고 극복했습니다. 인공지능이 지금보다 훨씬 발전하고 많이 사용될 미래에도, 우리는 그 환경과 상황에 적응하게 될 것입니다.

여러분은 인공지능을 두려워하고 멀리할 수 있습니다. 하지만 여러분이 인공지능을 멀리한다고 해도 인공지능은 여러분에게서 멀어지지 않을 것입니다. 그렇기에 우리가 할 질문은,

"어떡하면 인공지능을 피할 수 있을까?"가 아닌,

"어떡하면 인공지능을 잘 활용할 수 있을까?"이지 않을까요?

그렇다면 인공지능을 잘 활용하는 방법이란, 첫째, 목적에 맞게 사용하는 것입니다. 인공지능은 현재 가장 발전한 도구입니다. 외국인의 대화라는 목적을 위해, 사전을 찾아보며 대화할 수도 있지만 번역 인공지능을 사용하면 훨씬 편하겠죠? 보안 유지라는 목적을 위해 사람이 직접 문을 지키고 서 있어도 되지만 얼굴 인식 인공지능을 사용하면 효율적일 것입니다.

둘째, 인공지능들을 역할에 맞도록 알맞게 지휘하는 것입니다. 인공지능이 인간보다 뛰어난 능력을 발휘하는 분야가 많으니 인공지능에게 모든 일을 맡길까요? 인공지능은 특정 분야에만 뛰어나기에, 그 인공지능들을 지휘해 적재적소에 활용하는 것이 중요합니다.

인공지능의 등장과 발전은 인간 사회에 큰 변화를 가져왔습니다. 인공지능은 아주 편리한 도구인 동시에 이전에는 없었던 문제를 발생시키는 양면적인 존재입니다. 한 가지 확실한 사실은 이제 인공지능의 발전은 피할 수 없는 거대한 흐름이라는 것입니다. 그렇기에 우리는 비판적으로, 또 자주적으로 사고하며 인공지능에 대해 충분히 고민하고 의견을 나누어야 합니다. 균형을 잡고 휩쓸리지 않는다면, 우리는 인공지능이라는 거대한 흐름을 타고 가 보지 못한 곳으로 힘차게 나아갈 수 있을 것입니다.

2부

AI 이해교육 프로젝트

QR코드를 통해 교수·학습 자료를 다운로드하세요!

AI 이해교육은 AI에 대한 기본 소양을 다루는 분야로 AI에 대한 이해와 지식을 가르칠 수 있는 교육 내용입니다. 초등학생들에게 AI에 대한 이론적 내용을 가르칠 때 현장에서 겪는 가장 큰 장애물은 해당 내용의 수준이 학생들의 발달 수준을 한참 벗어나는 것에 있었습니다. 이에 언플러그드 교육을 활용하여 놀이와 체험을 통해 간단하면서도 쉽고 재밌게 학생들이 AI 개념의 본질을 이해할 수 있도록 프로젝트를 구상하였습니다.

🔍 | 인공지능 알아보기

대상 학년   3~6학년

대상 과목   창의적 체험활동

핵심 성취 기준   [6실03-01]
발명의 의미를 이해하고, 일상생활을 바꾼 발명품을 탐색하여 발명과 기술에 대한 중요성과 가치를 인식한다.

[6실05-05]
인공지능이 만들어지는 과정을 체험하고, 인공지능이 사회에 미치는 영향을 탐색한다.

활용 AI 플랫폼   언플러그드 AI 교육

차시별 흐름	
차시	내용
1~2	인공지능으로의 발전 과정 알아보기
3~4	인공지능의 발전 과정 알아보기
5~7	인공지능의 학습 방법 알아보기
8	인공지능의 올바른 활용법 알아보기

본 프로젝트는 학생들의 인공지능 기초 소양 함양을 목표로 하는 'AI 이해교육'입니다. 인공지능이 무엇인지, 어떤 과정에서 만들어졌는지, 인공지능은 어떤 방법으로 학습하는지 등 학생들 스스로 인공지능 자체에 대한 이해가 바탕이 되어야 주관을 가지고 인공지능을 활용할 수 있기 때문입니다. 인공지능을 잘 이해하기 위해, 본 프로젝트는 ① 인공지능으로의 발전 과정, ② 인공지능의 발전 과정, ③ 인공지능의 학습 방법, ④ 인공지능의 올바른 활용법까지 총 4단계로 진행됩니다.

1단계는 인공지능이 어떤 과정을 거쳐 등장하게 되었는지에 관한 내용입니다. 인공지능이 갑자기 나타난 것이 아닌, 인간이 일을 쉽게 할 수 있는 방법을 발전시킨 결과물임을 알아봅니다. 2단계는 인공지능이 어떤 과정을 거쳐 발전했는지에 관한 내용입니다. 인공지능 연구의 시작부터 지금까지를 살펴보며 인공지능의 발전 과정을 알아봅니다. 3단계는 인공지능이 어떤 방법으로 학습하는지에 관한 내용입니다. 인공지능의 입장이 되어 여러 활동을 통해 인공지능의 학습 방법을 알아봅니다. 4단계는 인공지능을 여러 다양한 시각으로 살펴보는 내용입니다. 인공지능이 야기할 수 있는 문제, 인공지능 윤리, 사람의 역할 등을 알아봅니다.

본 프로젝트는 인공지능 기초 소양 함양을 목표로 합니다. 특정 학년, 특정 교과 중심이 아니기에 학생 수준에 따라 내용을 약간 수정하며 3~6학년 학생을 대상으로 폭넓게 사용할 수 있습니다. 또 스마트기기 및 인공지능 프로그램을 사용하지 않고 모든 활동을 언플러그드 활동으로 진행, 프로젝트의 접근성을 높이고 원리를 잘 이해할 수 있도록 구성했습니다.

PPT와 활동지를 중심으로 진행하는 수업입니다. 주로 간단한 수준의 활동이지만 학생 수준에 따라 자세한 설명이 필요한 경우가 있으니, 교사가 수업 전 미리 PPT와 활동지를 통해 활동 방법을 숙지하는 것을 권장합니다.

활동을 통해 체득하는 학습이 되도록 수업은 대부분 활동지 또는 예시를 통한 체험 → 개념 제시 → 개념 심화의 흐름으로 이루어집니다. 학생들이 처음부터 정확한 개념을 아는 것이 아니기에, 의외의 질문이나 오개념이 발생할 수 있습니다. 교사가 수업 내용을 미리 잘 알고 있어야 원하는 방향으로 수업이 잘 진행될 수 있습니다.

1~2차시

배움단계 (시량)	교수·학습활동	자료(자) 및 유의점(유)
배움열기 (5')	⚙️ **배움 목표** • 배움 목표 알아보기 　인공지능으로의 발전 과정을 알 수 있다. ⚙️ **배움 순서** • 배움 순서 알아보기 　배움 1. 도구의 개발 알아보기 　배움 2. 기계의 개발 알아보기 　배움 3. 컴퓨터의 개발 알아보기 　배움 4. 미래의 모습 상상하기	(자) PPT
배움활동 (70')	⚙️ **배움 1. 도구의 개발 알아보기** ○ 맨몸으로 일할 때의 어려움 떠올리기 • 맨몸으로 무거운 물건을 옮기거나 먼 거리를 이동할 때의 어려움 발표하기 ○ 일을 쉽게 할 수 있는 방법 찾기 • 일을 쉽게 할 수 있는 물건 설계하기 　- 주어진 재료들로 무거운 물건을 옮기거나 먼 거리를 이동하는 물건 설계하기 　- 설계한 물건의 사용법 작성하기 　- 설계한 물건 발표하며 아이디어 공유하기 • 도구의 개념 이해하기 ⚙️ **배움 2. 기계의 개발 알아보기** ○ 도구를 발전시킬 방법 떠올리기 • 설계한 도구로 일하는 상황 상상하기 　- 도구를 사용해서 일할 때 어떤 어려움이 있을지 의견 나누기	(자) PPT (자) 활동지 (유) 사용할 수 있는 재료를 한정해 기계, 컴퓨터, 인공지능 단계로 넘어가지않도록 합니다.

2부. AI 이해교육 프로젝트　43

• 새로운 도구 제시하기 　- 물레방아 사진을 보고 다른 도구들과의 차이점 찾기 　- 어떤 도구들은 같은 일을 반복해서 자동으로 함을 알기 • 기계의 개념 이해하기 ⚙️ 배움 3. 컴퓨터의 개발 알아보기 ㅇ기계를 발전시킬 방법 떠올리기 • 초기의 자동차와 요즘 자동차 사진 비교하기 　- 옛날·요즘 자동차의 차이점을 살펴보고 의견 나누기 　- 어떤 기계들은 여러 일을 함을 알기 • 컴퓨터의 개념 이해하기 ⚙️ 배움 4. 미래의 모습 상상하기 ㅇ미래의 자동차 상상해 설계하기 • 무거운 물건을 옮기거나 먼 거리를 이동하는 일을 　쉽게 하기 위한 방법의 발전 떠올리기 　- 미래의 자동차를 설계하고 발표하기	(자) 활동지
⚙️ 배움 활동 정리 • 정리 문제 풀기 ⚙️ 차시 예고 • 다음 시간에 배울 배움 주제 확인하기 　- 인공지능의 발전 과정을 알아봅시다.	(자) PPT

배움정리
(5')

 활동 목적

　1~2차시의 목적은 '인공지능으로의 발전 과정'을 알아보는 것입니다. 이를 위해 '무거운 물건을 옮기거나 먼 거리를 이동하는 일'이라는 문제

상황을 제시합니다. 배움 1~4는 모두 문제 상황 파악 → 해결 방안 탐색 → 문제 해결의 과정으로 이루어져 있으며, 학생들은 일을 더 쉽게 하기 위해 이전 활동의 결과를 개선하는 활동을 반복합니다. 학생들은 배움 1~3의 결과로 도구, 기계, 컴퓨터가 개발되었음을 알게 되고, 배움 4를 통해 도구 → 기계 → 컴퓨터 다음 단계의 무언가를 인식합니다.

🤖 활동 방법

배움 1에서는 활동지를 통해 주어진 재료들로 일을 쉽게 할 수 있는 물건을 설계합니다. 설계한 물건을 '도구'로 정의하며 도구의 개념을 알아봅니다. 배움 2에서는 도구가 일을 쉽게 만들지만 한계가 있음을 알고, 물레방아를 통해 기계의 개념을 제시합니다. 배움 3에서는 초기의 자동차와 현대의 자동차를 비교하며 컴퓨터의 개념을 도입합니다. 배움 4에서는 미래의 자동차를 설계하는 활동지를 통해 미래의 자동차를 상상하여 설계합니다. 컴퓨터의 한계와 개선점을 고민하며 자연스럽게 다음 단계로 생각을 확장합니다.

✦✦ 활동 팁 ✦✦

도구 → 기계 → 컴퓨터 → 인공지능으로의 발전이 순차적으로 이루어졌음을 느낄 수 있도록, 학생이 단계를 건너뛰는 개념을 제시할 때 교사가 적절히 개입하도록 합니다.

1~2차시	일을 쉽게 할 수 있는 물건 만들기	학년 반 이름:

1. 주어진 재료들로 일을 쉽게 할 수 있는 물건을 만들어 봅시다.

> 재료: 나무, 돌, 지푸라기, 밧줄

2. 만든 물건의 사용법을 써 봅시다.

_____

_____

_____

1~2차시	미래의 자동차 설계하기	학년 반 이름:

1. 미래의 자동차는 지금과 어떻게 다를까요?
   여러분이 상상하는 미래의 자동차를 설계해봅시다.

2. 설계한 자동차를 설명해 봅시다.

3~4차시

배움단계 (시량)	교수·학습활동	자료(자) 및 유의점(유)
배움열기 (5')	⚙ **동기 유발** • 인공지능에 대한 생각 나누기 　- 인공지능이라는 말을 들으면 어떤 생각이 드는지 생각 나누기 　- 소설, 영화, 만화, 애니메이션 등 매체에서 인공지능을 본 경험을 발표하기 ⚙ **배움 목표** • 배움 목표 알아보기 　인공지능의 발전 과정을 알 수 있다. ⚙ **배움 순서** • 배움 순서 알아보기 　배움 1. 인공지능 알아보기 　배움 2. 규칙 기반 인공지능 알아보기 　배움 3. 인공신경망 기반 인공지능 알아보기	(자) PPT
배움활동 (70')	⚙ **배움 1. 인공지능 알아보기** ○ 미래의 자동차에서 인공지능 요소 찾기 • 자기가 설계한 '미래의 자동차' 중 인공지능이라고 생각되는 부분 찾고 발표하기 　- 친구들이 발표한 내용에서 공통점 찾기 　　예) 자율 주행, 음성 인식 등 ○ 인공지능의 개념 알아보기 • 인공지능 개념 알아보기 　- 인공지능 : 인간의 학습, 추론, 지각 능력 등을 인공적으로 구현한 것	(자) PPT (자) 활동지

○인공지능의 활용 사례 알아보기
• 생활 속 인공지능 활용 사례 알아보기

⚙️ 배움 2. 규칙 기반 인공지능 알아보기
○의사결정트리 활용 놀이하기
• '먹고 싶은 음식 맞히기 놀이' 하기
  - 의사결정트리 알아보기
  - 놀이 방법 알아보기
  - '먹고 싶은 음식 맞히기 놀이'하며 규칙 기반 인공
    지능 체험하기
○규칙 기반 인공지능 알아보기
• 규칙 기반 인공지능의 개념 알아보기
• 규칙 기반 인공지능 활용 사례 알아보기
  - 챗봇, 스팸 메일 분류, 온도 조절 시스템, 의료 전문
    가 시스템 등
• 규칙 기반 인공지능의 장점 알아보기
  - 쉽게 이해할 수 있다, 문제를 빠르게 해결한다, 일
    관된 결과를 제공한다.

⚙️ 배움 3. 인공신경망 기반 인공지능 알아보기
○규칙 기반 인공지능의 단점 알아보기
• 규칙 기반 인공지능의 단점 알아보기
  - 새로운 상황에 적응하기 어렵다, 규칙을 많이 만들
    어야 한다, 규칙이 틀리면 문제가 생긴다.
○인간의 뇌 구조 알아보기
• 뉴런, 시냅스, 인간의 학습 방법 알아보기
  - 인간의 뇌에는 약 1,000억 개의 뉴런이 있고, 뉴런
    끼리는 시냅스로 연결되어 있다. 학습은 이 연결
    을 강하게 만드는 것이다.

	○인공신경망 기반 인공지능 알아보기	
	• 인공신경망 기반 인공지능의 개념 알아보기	
	- 인공신경망 기반 인공지능 : 인간의 신경을 흉내 낸 인공지능 학습 방법	
	• 인공신경망 기반 인공지능 활용 사례 알아보기	
	- 이미지 인식, 음성 인식, 자연어 처리, 게임 인공지능 등	
	• 인공신경망 기반 인공지능의 장점 알아보기	
	- 복잡한 패턴을 학습하고 인식하는 능력이 뛰어나다, 학습한 결과를 바탕으로 새로운 데이터를 예측할 수 있다, 일부 데이터의 오류가 있어도 높은 성능을 유지한다.	
배움정리 (5')	⚙️ 배움 활동 정리 • 정리 문제 풀기 ⚙️ 차시 예고 • 다음 시간에 배울 배움 주제 확인하기 - 인공지능의 학습 방법을 알아봅시다.	(자) PPT

🤖 활동 목적

  3~4차시의 목적은 '인공지능의 발전 과정'을 알아보는 것입니다. 먼저 배움 1에서는 1~2차시에서 설계한 미래의 자동차를 발표하고, 발표한 내용 중에서 인공지능이라고 생각되는 부분을 찾아봅니다. 학생들이 가지고 있던 인공지능에 대한 개념을 브레인스토밍한 후 인공지능의 개념을 본격적으로 도입합니다. 배움 2에서는 규칙 기반 인공지능에 대해 알아봅니다. 규칙 기반 인공지능은 인공지능의 발전 과정 중 전반부로, 초기

의 인공지능 연구는 주로 규칙 기반 인공지능을 중심으로 이루어졌습니다. 배움 2에서는 '먹고 싶은 음식 맞히기 놀이하기' 활동을 통해 규칙 기반 인공지능의 개념을 알아본 후 규칙 기반 인공지능의 활용 사례와 장점을 제시합니다. 배움 3에서는 인공신경망 기반 인공지능에 대해 알아봅니다. 인공신경망 기반 인공지능은 인공지능의 발전 과정 중 후반부로, 규칙 기반 인공지능의 한계를 극복하는 방법으로 주목받았으며 현재 인공지능 연구의 주류입니다. 배움 3에서는 규칙 기반 인공지능의 한계와, 이를 극복하기 위한 방법으로 인간 신경의 작동 원리를 모방한 인공신경망 기반 인공지능이 등장했음을 알아봅니다. 인공신경망 기반 인공지능의 활용 사례와 장점도 제시합니다.

🤖 활동 방법

배움 1에서는 여러 매체에서 인공지능을 본 경험을 나눕니다. 그리고 전 차시 마지막 활동인 미래의 자동차 상상하여 설계하기의 결과물을 공유하며 인공지능의 개념을 끌어내고 구체화합니다. 배움 2에서는 의사결정트리의 개념과 작성법을 알아본 후 '먹고 싶은 음식 맞히기 놀이'를 합니다. 의사결정트리 놀이를 하며 '미리 정해진 규칙과 조건을 기반으로 결정을 내리고 문제를 해결하는' 규칙 기반 인공지능의 입장을 경험할 수 있습니다. 배움 3에서는 손글씨를 구분하도록 규칙을 만드는 상황을 통해 규칙 기반 인공지능의 한계를 체험합니다. 인간의 뇌 구조와 학습 방법을 제시하고, 이를 모방한 인공신경망 기반 인공지능을 알아봅니다.

◆◆ 활동 팁 ◆◆

배움 2의 '먹고 싶은 음식 맞히기 놀이'를 할 때는 PPT의 예시를 보며 학생들에게 의사결정트리를 작성할 때의 유의점을 정확히 알려 주어야 합니다. 대표적인 유의점은 다음과 같습니다.

① 작성하는 질문은 네, 아니오로 대답할 수 있는 질문이어야 합니다.
② 열 가지의 음식을 구분하는 목적에 알맞은 질문이어야 합니다.
③ 질문에 오류가 있으면 정확한 답을 찾을 수 없습니다.

3~4차시	먹고 싶은 음식 맞히기	학년 반 이름:

주어진 음식을 분류하는 의사결정트리를 만들어 손님이 먹고 싶은 음식을 맞춰 봅시다.

햄버거	김치찌개	국수	피자	빙수
탕후루	삼겹살	치킨	마라탕	돈까스

5~7차시

배움단계 (시량)	교수·학습활동	자료(자) 및 유의점(유)

배움열기
(5')
	⚙ 배움 목표
	
	• 배움 목표 알아보기
	  인공지능의 학습 방법을 알 수 있다.
	
	⚙ 배움 순서
	• 배움 순서 알아보기
	  배움 1. 지도학습 알아보기
	  배움 2. 비지도학습 알아보기
	  배움 3. 강화학습 알아보기
		(자) PPT

배움활동
(110')
	⚙ 배움 1. 지도학습 알아보기
	○ 지도학습의 개념 알아보기
	• 지도학습 개념 알아보기
	  - 지도학습 : 인공지능에게 정답을 가르쳐 주며 인
	    공지능이 스스로 문제를 풀 수 있도록 하는 방법
	○ 지도학습-회귀 알아보기
	• 온도에 따른 주스 판매량 예측 활동하기
	  - 데이터를 그래프로 나타내기
	  - 회귀선을 그리고 온도에 따른 주스 판매량 예측하기
	• 지도학습-회귀 개념 알아보기
	  - 지도학습-회귀 : 연속된 데이터를 제공해 인공지
	    능을 학습시키고, 이를 바탕으로 새로운 데이터를
	    예측하게 하는 학습 방법
	○ 지도학습-분류 알아보기
	• 상품 구매 목록 보고 고객에게 알맞은 상품 추천하기
	  - 상품 구매 목록을 보고 고객별 관심 분야 분류하기
	  - 새로운 상품을 알맞은 고객에게 광고하기
		(자) PPT
		
		(자) 1번 활동지
		
		(자) 1번 활동지
		
		(자) 2번 활동지

	• 지도학습-분류 개념 알아보기
	  - 지도학습-분류 : 분류한 데이터를 제공해 인공지능을 학습시키고, 이를 바탕으로 새로운 데이터를 분류하게 하는 학습 방법
	ㅇ지도학습 활용 사례 알아보기
	• 지도학습-회귀로 학습하는 인공지능 활용 사례 알아보기
	  - 활용 사례 : 키와 몸무게 예측, 날씨 예측, 상품 판매량 예측 등
	• 지도학습-분류로 학습하는 인공지능 활용 사례 알아보기
	  - 활용 사례 : 고객 분류, 음성 인식, 의료 진단 등
		(자) 2번 활동지

	⚙️ 배움 2. 비지도학습 알아보기
	ㅇ자유 그림 그리기
	• '자유 그림 그리기' 활동하기
	  - 그리고 싶은 대상을 자유롭게 정해 그리기
	  - 완성한 그림을 칠판에 모두 붙이기
	  - 한 명씩 자기의 분류 기준에 따라 비슷한 것끼리 그림 모으기
	ㅇ비지도학습의 개념 알아보기
	• 비지도학습 개념 알아보기
	  - 비지도학습 : 인공지능에게 정답을 알려 주지 않은 채 데이터만 제공하고, 인공지능이 스스로 데이터를 비슷한 것끼리 모으며 학습하는 방법
		(자) 3번 활동지

	⚙️ 배움 3. 강화학습 알아보기 ㅇ'보물찾기 놀이' 하기 • 놀이 방법 알아보기 • '보물찾기 놀이' 하며 강화학습 체험하기	(자) 4번 활동지

	○강화학습의 개념 알아보기	
	• 강화학습 개념 알아보기	
	- 강화학습 : 인공지능이 스스로 행동을 배우고, 그 행동이 좋은지 나쁜지에 대한 보상을 받아 가며 발전하는 학습 방법	
	○강화학습 활용 사례 알아보기	
	• 강화학습으로 학습하는 인공지능 활용 사례 알아보기	
	- 로봇 청소기, 자율 주행 자동차, 스마트 냉장고 등	
배움정리 (5')	⚙️ 배움 활동 정리	(자) PPT
	• 정리 문제 풀기	
	⚙️ 차시 예고	
	• 다음 시간에 배울 배움 주제 확인하기	
	- 인공지능의 올바른 활용법을 알아봅시다.	

🤖 **활동 목적**

    5~7차시의 목적은 '인공지능의 학습 방법'을 알아보는 것이며, 이 수업에서는 지도학습, 비지도학습, 강화학습의 세 가지 학습 방법을 다룹니다. 배움 1~3은 모두 학생들이 인공지능의 입장에서 학습하고 문제를 해결하며 인공지능의 학습 방법을 경험하는 활동입니다. 학생들은 배움 1로 지도학습, 배움 2로 비지도학습, 배움 3으로 강화학습을 알게 됩니다.

🤖 **활동 방법**

    배움 1에서는 지도학습의 개념을 먼저 알아봅니다. 지도학습은 정답을 알려 주며 인공지능을 학습시키는 방법으로, 회귀와 분류 두 가지로 나뉩니다. 학생들은 온도에 따른 주스 판매량을 예측하는 활동지를 통해 지도학습-회귀를, 구매 목록을 통해 고객을 분류하고 상품을 추천하는 활동지를 통해서는 지도학습-분류를 경험할 수 있습니다. 배움 2에서는 자유 그림을 그리고 분류하는 활동을 통해 정답을 알려 주지 않고 인공지능을 학습시키는 방법인 비지도학습을 알아봅니다. 배움 3에서는 보물찾기 놀이를 하며 인공지능이 시행착오를 통해 학습하는 방법인 강화학습을 배우게 됩니다.

✦✦ 활동 팁 ✦✦

배움 3의 '보물찾기 놀이'는 학생들끼리 해도 되지만, 교사 vs 학생으로 진행해도 좋습니다. 게임이 약간 복잡하기에, 교사는 게임 참여자인 동시에 학생들에게 규칙을 익힐 기회를 자연스럽게 제공할 수 있습니다.

5~7차시	지도학습(회귀) 이해하기	학년 반 이름:

1. 데이터 수집하기

아래 표는 지난 일주일간의 온도와 주스 판매량을 나타낸 것입니다.
표의 내용을 그래프로 나타내 보세요.

온도와 주스 판매량

온도(℃)	25	28	30	27	24	23	21
판매량(컵)	30	45	50	40	28	26	20

판매량(컵)

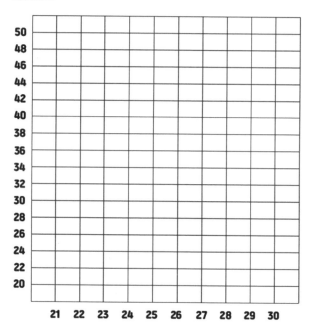

온도(℃)

5~6차시	지도학습(회귀) 이해하기	학년 반 이름:

2. 데이터 학습하기

데이터를 가장 잘 설명할 수 있는 회귀선을 그려 보세요.

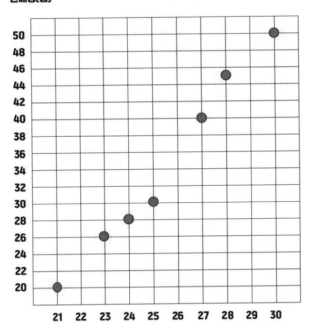

3. 데이터 예측하기

회귀선에 따라 주스 판매량을 예측해봅시다.

① 내일 온도가 22도일 때 주스 판매량: _____ (잔)

② 내일 온도가 26도일 때 주스 판매량: _____ (잔)

5~7차시	지도학습(분류) 이해하기	학년 반 이름:

1. 데이터 수집하기

아래 표는 어느 쇼핑몰 고객들의 상품 구매 목록입니다.
각 고객의 관심 분야가 무엇인지 생각하여 써 보세요.

사람별 구매 목록

사람 이름	구매 목록	관심 분야
김가가	책, 펜, 노트, 책가방	
박바바	운동화, 운동복, 스포츠 음료	
성사사	게임, 게임기, 게임 패드	
임아아	요리책, 냄비, 프라이팬	
최차차	캠핑 의자, 텐트, 휴대용 버너	

2. 데이터 분석하기

아래 상품 목록을 보고 각 상품을 어떤 사람에게 광고하는 것이 좋을지
분류해 보세요.

상품 목록

마우스   식용유   연필   휴대용 조명
필통   등산 지팡이   손목 밴드   헤드셋

사람별 추천 상품

사람 이름	추천 상품
김가가	
박바바	
성사사	
임아아	
최차차	

5~7차시	자유 그림 그리기	학년 반 이름:

그리고 싶은 대상을 자유롭게 정하고 그려 봅시다.

5~7차시	강화학습 이해하기	학년 반 이름:

보물 찾기 놀이하기

게임판

13	14	15	16
9	10	11	12
5	6	7	8
1	2	3	4

목숨: ♡♡♡♡♡

이동 기록

번호	보물 / 함정		번호	보물 / 함정	
1	칸	칸		칸	칸
	칸	칸		칸	칸
	칸	칸		칸	칸
	칸	칸		칸	칸
	칸	칸		칸	칸

이동 기록

번호	보물 / 함정		번호	보물 / 함정	
1	칸	칸		칸	칸
	칸	칸		칸	칸
	칸	칸		칸	칸
	칸	칸		칸	칸
	칸	칸		칸	칸

이동 기록

번호	보물 / 함정		번호	보물 / 함정	
1	칸	칸		칸	칸
	칸	칸		칸	칸
	칸	칸		칸	칸
	칸	칸		칸	칸
	칸	칸		칸	칸

이동 기록

번호	보물 / 함정		번호	보물 / 함정	
1	칸	칸		칸	칸
	칸	칸		칸	칸
	칸	칸		칸	칸
	칸	칸		칸	칸
	칸	칸		칸	칸

게임 방법

1	A, B로 역할을 나눕니다. A: 길 찾기 / B: 함정과 보물 설치
2	B는 A가 볼 수 없도록 자기 활동지에 4개의 함정과 2개의 보물을 그립니다. ※ 1번, 보물 칸이 막히게 함정을 설치할 수 없으며, 보물과 함정을 같은 한 칸에 설치할 수 없습니다.
3	A는 1번 칸에서 시작하며, 한 번에 한 칸씩 말을 가로나 세로로 이동합니다. (대각선 X)
4	B는 게임 시작과 A가 이동할 때마다 도착한 위치에서 가장 가까운 보물과 함정이 몇 칸 거리에 있는지 알려줍니다. 예) 보물은 2칸, 함정은 1칸
5	A는 이동 후 '이동 기록' 칸에 몇 번 칸으로 이동했는지 기록하고, B에게 얻은 정보(도착한 칸에서 가장 가까운 보물과 함정이 몇 칸 거리에 있는지)를 기록합니다.
6	A가 목숨을 모두 잃거나 보물을 모두 찾으면 게임이 종료되며, A가 목숨 소모 없이 보물을 모두 얻는 최적의 경로를 찾을 때까지 게임을 계속합니다.
7	A가 몇 번 만에 최적의 경로를 찾아냈는지 기록한 후 역할을 바꾸어 같은 방법으로 게임을 합니다.

8차시

배움 단계 (시량)	교수·학습활동	자료(자) 및 유의점(유)
배움열기 (5')	⚙️ **배움 목표** • 배움 목표 알아보기 　인공지능의 올바른 활용법을 알 수 있다. ⚙️ **배움 순서** • 배움 순서 알아보기 　배움 1. 강인공지능, 약인공지능 알아보기 　배움 2. 인공지능 활용법 알아보기 　배움 3. 인공지능에 대한 생각 넓히기	(자) PPT
배움활동 (30')	⚙️ **배움 1. 강인공지능, 약인공지능 알아보기** ○강인공지능, 약인공지능 알아보기 • 강인공지능 개념 알아보기 　- 강인공지능 : 사람처럼 여러 가지 작업을 할 수 있 　　는, 인간의 지능을 갖춘 인공지능 • 약인공지능 개념 알아보기 　- 약인공지능 : 특정 작업이나 분야에 특화된 인공 　　지능 ⚙️ **배움 2. 인공지능 활용법 알아보기** ○인공지능을 대하는 바람직한 자세 알아보기 • 인공지능에 대한 우려 알아보기 • 사람의 능력 알아보기 ○인공지능 활용 방법 • 인공지능의 종류를 살펴보고 그 인공지능을 활용하 　는 좋은 방법 써 보기	(자) PPT (자) 활동지

	⚙ 배움 3. 인공지능에 대한 생각 넓히기
	
	○ 사람의 역할 알아보기
	• 사람이 더 잘하거나 사람만이 할 수 있는 일 알아보기
	  - 사람의 역할 : 창의적인 생각하기, 감정 이해하기,
	    복잡한 문제 해결하기, 사람들과 협력하기 등
	○ 인공지능으로 인해 발생할 수 있는 문제 알아보기
	• 인공지능 윤리에 대해 생각해 보기
	  - 인공지능과 관련된 윤리적 문제를 알아보고 해결
	    방법 의견 나누기	

배움정리 (5')	⚙ 배움 활동 정리 • 정리 문제 풀기	(자) PPT

🤖 **활동 목적 및 방법**

  8차시의 목적은 '인공지능의 올바른 활용법'을 알아보는 것입니다. 이 수업에서는 비판적이고 자주적인 사고로 인공지능을 다양한 각도로 바라보는 기회를 제공합니다. 인공지능이 불러올 수 있는 문제에 대해 고민해 보고, 인공지능을 활용하는 좋은 방법을 탐색하며 미래 사회를 살아가는 데 필요한 역량을 갖출 준비를 하게 됩니다.

8차시	인공지능 활용 방법	학년 반 이름:

1. 여러 인공지능을 살펴보고 두 가지를 골라 그 인공지능을 활용하는 좋은 방법을 써 봅시다.

음성 비서	자율 주행 자동차	이미지 인식
추천 시스템	번역기	스팸 필터
챗봇	의료 영상 분석	얼굴 인식

① _____

_____

_____

② _____

_____

_____

2. 주어진 인공지능 외에 어떤 인공지능이 있으면 좋을 것 같나요? 인공지능을 하나 생각해 그 인공지능을 활용하는 좋은 방법을 써 봅시다.

_____

_____

_____

평가 영역	평가 항목	잘함	보통	미흡
인지적 영역	인공지능에 관해 배운 내용을 정리하여 미니북을 만들 수 있는가?			
	미니북 전시회에서 미니북 내용에 관한 친구의 질문에 잘 대답하는가?			

인공지능으로의 발전 과정, 인공지능의 발전 과정, 인공지능의 학습 방법, 인공지능의 올바른 활용법 중 한 가지를 골라 미니북을 만들고 전시회를 열어 봅시다.

💡 이런 활동도 할 수 있어요

1~2차시 '인공지능으로의 발전 과정'에서 문제 상황을 '멀리 있는 사람에게 긴 내용을 전달하는 방법'으로 바꾸어 활동할 수 있습니다.

- 맨몸 : 직접 가서 말로 전하기(내용을 잊어버릴 염려가 있음)
- 도구 : 편지를 써서 전달하기(여전히 먼 거리를 가야 함)
- 기계 : 전화로 전달하기(한 번에 한 가지 일만 함)
- 컴퓨터 : 휴대폰으로 전달하기(전화번호부 검색과 전화를 동시에)
- 인공지능 : 음성 인식으로 문자 보내기

이 경우 운동장이나 강당 등에서 실제로 움직이며 일을 쉽게 하는 방법을 체험할 수 있습니다.

초등학교 3학년의 경우 그림그래프밖에 배우지 않기 때문에 5차시의 지도학습-회귀 활동지 내용을 바꿀 수 있습니다. 활동지의 숫자를 간단하게 변경하고 그래프는 그림그래프로 대체할 수 있습니다.

· 수업 사진 ·

〈그림 11~14〉 수업 장면

Q&A

Q 1~2차시의 배움 4. '미래의 자동차 설계하기' 활동의 의도는 학생들이 인공지능이 포함된 자동차를 설계하는 것이라 생각됩니다. 그러나 의도와 다르게 청정 연료, 비행 기능 등 인공지능과 관계없는 자동차를 설계하는 경우에는 어떻게 대처하나요?

A 해당 활동은 학생들이 요즘 자동차보다 '일을 더 쉽게 만드는' 자동차를 설계하도록 의도된 활동입니다. 반드시 인공지능과 관련된 자동차일 필요는 없습니다. 3차시 첫 활동에서 인공지능의 특징을 고르고, 이 특징에 해당하는 자동차의 기능만 추려 인공지능의 개념을 도입할 수 있습니다.

Q 요즘 인공지능은 딥 러닝 방식을 많이 사용한다고 하던데, 딥 러닝 인공지능은 무엇인가요?

A 딥 러닝은 발전된 형태의 인공신경망 기반 인공지능이라고 할 수 있습니다. 딥 러닝 방식은 인공신경망보다 은닉층의 개수가 많아 일반적으로 더 복잡한 학습을 할 수 있습니다.

3부

AI 개발교육 프로젝트

QR코드를 통해 교수·학습 자료를 다운로드하세요!

AI 개발 교육은 학생들이 실제로 AI를 설계하여 구현한 뒤, 이를 활용해 보는 교육입니다. 본래 AI를 구현하기 위해선 여러 수학적 이론과 컴퓨터 공학이 필요하지만 시중에 배포된 교육용 AI 제작 툴을 활용해 초등교육의 본질을 벗어나지 않는 범위 내에서 프로젝트를 구상하였습니다. 2개의 프로젝트는 AI를 제작하기 위한 알고리즘과 프로그래밍 교육이 포함되어 있으며 이를 바탕으로 학생들이 보다 깊이 있게 AI에 대해 이해할 수 있는 기회를 제공합니다.

🔍 생명 존중 공감봇 만들기

대상 학년 6학년

대상 과목 실과 도덕

핵심 성취 기준 [6실05-03]
실생활의 문제를 해결하는 프로그램을 협력하여 작성하고, 산출물을 타인과 공유한다.

[6실05-05]
인공지능이 만들어지는 과정을 체험하고, 인공지능이 사회에 미치는 영향을 탐색한다.

[6도03-01]
인권과 관련된 다양한 사례를 살펴보고 인권에 관한 감수성을 길러 이를 실천하려는 의지를 함양한다.

활용 AI 플랫폼 퀵드로우, 티처블머신, 멘티미터(워드클라우드), 엔트리

차시별 흐름	
차시	주제
1~3	인공지능의 학습 방법(지도학습/비지도학습) 알아보기
4~6	너와 나의 인권을 지키는 공감 대화 나누기
7~9	생명 존중 공감봇 만들기

본 프로젝트의 주제는 '생명 존중'으로 설정하였습니다. 최근 사회·정서적으로 불안한 학생들이 증가함에 따라 2022 개정 교육과정에서는 사회·정서 교육이 한층 강조되고 있습니다. 자기 자신과 타인의 마음을 들여다보고 공감하는 태도를 길러 모두의 생명을 존중할 수 있는 수업이 되기를 기대합니다.

본 프로젝트는 실과와 도덕을 융합하여 설계되었습니다. 그 이유는 다음과 같습니다. 첫째, 인공지능을 활용한 공감의 체험을 위함입니다. 도덕 교과에서 배우는 공감은 정서적인 역량으로 평가하기 쉽지 않습니다. 하지만 나를 공감해 주는 공감봇에게 긍정적인 영향을 받고 미러링 효과를 기대할 수 있습니다. 물론 공감봇 프로그래밍의 과정에서 인공지능의 학습 방법 또한 학습할 수 있습니다. 둘째, 공감의 다양한 방법을 알기 위함입니다. 내가 생각하는 공감과 친구들이 생각하는 공감, 인공지능이 생각하는 공감을 두루 알아보고 어떤 경우에 마음에 위로를 받는지 경험해 볼 수 있습니다.

따라서 본 프로젝트는 인공지능의 학습 방법과 프로그래밍 과정을 배울 뿐만 아니라 다양한 생명 존중(공감)의 방법을 이해하고 내면화하는 기회를 제공한다고 할 수 있습니다.

수업 전 준비사항

학생들의 인공지능 플랫폼 및 프로그래밍 활용 수준을 파악합니다. 방과후교실이나 사교육, 담임교사의 성향 등에 따라 관련 경험의 차이가 크게 나곤 합니다. 때문에 미리 파악하여 적절히 수업 구성을 조정하는 것이 좋습니다. 또한 이를 고려하여 구성한 모둠을 활용하는 것도 전반적으로 도움이 됩니다.

1~3차시

배움단계 (시량)	교수 · 학습활동	자료(자) 및 유의점(유)
배움열기 **(10')**	⚙️ **동기 유발** • 학습 동기 유발 영상 시청 　인공지능이 도입된 발전된 기술들과 일상생활 속 　활용 사례 관련 영상 시청 ⚙️ **배움 목표** • 배움 목표 알아보기 　인공지능의 학습 방법을 이해할 수 있다. ⚙️ **배움 순서** • 배움 순서 알아보기 　배움 1. 인공지능의 학습 방법 맛보기 　배움 2. 인공지능의 학습 방법 이해하기 　배움 3. 인공지능의 학습 방법 알고 활용하기	(자) 영상 (유) 영상의 내용이 인공지능에 대한 왜곡된 인식을 심어 주지 않도록 신중히 선정합니다.
배움활동 **(60')**	⚙️ **배움 1. 인공지능의 학습 방법 맛보기** ○ 인공지능의 학습 방법 유추하기 • 인공지능의 학습 방법 브레인스토밍 　- 인공지능의 학습 방법을 자유롭게 상상하여 이야 　　기 나누기 　- 교사의 비계를 바탕으로 구체화된 방법을 유추하 　　여 작성하기 ○ 인공지능의 학습 방법 체험하기 • 인공지능 플랫폼을 활용하여 머신러닝 체험 　- '퀵드로우'를 활용해 보고 원리 탐구하기 　- '퀵드로우'의 원리 이해하기 　- 데이터를 토대로 학습하는 인공지능의 학습 방법 　　이해하기	(자) PPT, 활동지, 스마트 기기

⚙️ 배움 2. 인공지능의 학습 방법 이해하기

○ 인공지능의 학습 방법(지도학습) 이해하기

• '머신러닝포키즈' 활용 준비하기

  - 교사가 제시한 화물차와 승용차 이미지 7개씩 저장하기

• '머신러닝포키즈' 활용하기

  - '인식 이미지' 프로젝트를 구성하여 화물차, 승용차 구분 프로그램 훈련시키기

  - 다양한 자동차 사진을 넣어 학습 결과 확인하기

⚙️ 배움 3. 인공지능의 학습 방법 알고 활용하기

○ 인공지능의 다양한 학습 방법 알기

• 지도학습, 비지도학습, 강화학습 알기

  - 각각의 예시를 통해 개념 이해하기

  - '퀵드로우', '머신러닝포키즈'의 학습 방법은 지도학습임을 이해하기

○ 인공지능 학습시키기

• 이미지 인식 프로그램 학습시키기

  - '머신러닝포키즈'의 '인식 이미지' 프로젝트를 활용할 수 있는 다양한 방안 탐색하기

  - 주제를 정하여 새로운 이미지 인식 프로그램 학습시키기

• 작품 공유 및 반성하기

  - 작품을 공유하며 잘된 부분과 아쉬운 부분 탐색하기

  - 정확도 향상을 위해서 더 많은 자료가 필요함을 이해하기

배움정리 (10')	⚙️ **배움 활동 정리**
	
	• 배운 내용 정리하기
	  - 활동지 작성하기
	
	⚙️ **차시 예고**
	
	• 다음 시간에 배울 배움 주제 확인하기
	  - 너와 나의 인권을 지키는 공감 대화를 나눠 봅시다.
		(자) 활동지
		
		(유) 오개념을 갖지 않도록 학습 내용을 정리합니다.

 활동 목적

본 차시는 인공지능의 학습 방법에 대해 알고 분류 프로그래밍 능력을 갖추는 것을 목적으로 합니다.

배움 1에서는 인공지능이 어떻게 학습하고 작동하는지 원리에 대해 호기심을 갖고 탐색해 보며, 나아가 간단한 인공지능 플랫폼을 통해 체험해 보도록 합니다.

배움 2에서는 더 많은 절차를 요구하는 인공지능 플랫폼을 활용해 보고, 지도학습을 이해할 수 있도록 합니다.

배움 3에서는 지도학습, 비지도학습, 강화학습을 이해하고, 직접 설계한 지도학습 인공지능을 만들어 보며 데이터의 중요성을 인식하도록 합니다.

배움 1은 배움 열기에서 이야기 나눴던 생활 속 인공지능에 대한 직간접경험을 바탕으로 이루어집니다. 나눈 경험의 원리에 대해 호기심을 가지고 학습 방법을 자유롭게 떠올려 이야기 나눕니다. 이어 '퀵드로우'를 체험해 보고 그 원리를 스스로 탐구해 본 뒤 사용자들이 제공한 수많은 데이터를 토대로 학습함을 알려 줍니다.

배움 2에서는 지도학습을 효과적으로 학습할 수 있는 플랫폼인 '머신러닝포키즈'를 활용하여 화물차, 승용차 분류 프로그램을 만듭니다. 학생용 스마트기기와 학급용 소통망(온라인 게시판 또는 SNS 등)을 통해 공유한 화물차와 승용차 이미지를 저장합니다. PPT 안내에 따라 분류 프로그래밍을 진행합니다. 이때 이미지를 찾고 저장하는 데에 능숙한 학생은 자신이 직접 이미지를 찾아 활용해도 좋습니다. 테스트용 자동차 사진을 넣어 학습 결과를 확인합니다.

배움 3에서는 앞서 체험한 플랫폼의 학습 방법이 지도학습임을 알려 줍니다. 또한 그 지식을 발전시켜 비지도학습과 강화학습도 함께 지도합니다. 이때 학습 방법은 예시를 활용하여 이해할 수 있도록 합니다. 마지막으로 개인이 직접 주제를 정하여 '머신러닝포키즈'로 분류 프로그래밍을 하고 공유합니다. 수업을 마무리할 때에는 정확도 향상을 위해 명확하고 많은 데이터가 필요함을 반드시 지도합니다.

배움 1에서 인공지능의 학습 방법에 대해 이야기를 나눌 때에는 자유롭게 상상할 수 있도록 하되, 충분히 이야기가 나오고 나면 교사가 적절한 비계를 제공하여 학습의 초점을 맞추어 줍니다. 이미지를 다운로드하여 원하는 위치에 저장하는 방법을 모르는 학생들이 많습니다. 수업 전 또는 수업 과정에서 그 방법을 차근히 익힐 수 있도록 하는 것이 큰 도움이 됩니다. 자유 분류 프로그래밍을 할 때에는 다양한 활용 예시를 제공하는 것이 학습 부담을 덜어줄 수 있습니다. 예를 들어 동물 사진을 활용하여 인물의 얼굴상을 구분하는 프로그램, 마스크 착용 여부 구분 프로그램, 연령대 구분 프로그램 등이 있습니다.

공감봇 1~3차시	인공지능 학습 방법 이해하기	학년 반 이름:

■ 인공지능은 어떻게 학습할까요?

■ 빈칸을 채우고 질문에 답해 봅시다.

① ML4K에서 화물차와 승용차를 판단한 근거는 무엇이었을까요?

----

② ML4K의 정확도를 높이려면 어떻게 해야 할까요?

----

③ 우리가 사용한 ML4K의 기능은 (   )라고 합니다.

④ 이미지 분류 기능을 활용하면 또 어떤 프로그램을 만들 수 있을까요?

```
┌─────────────────────────────────────────┐
│                                           │
│                                           │
│                                           │
│                                           │
│                                           │
└─────────────────────────────────────────┘
```

■ 배운 내용을 정리해 봅시다.

① 인공지능은 (   )를 토대로 학습합니다.

② 인공지능의 학습 방법에는 3가지가 있습니다.
 - (   ) : 정답이 정해진 데이터를 통해 학습하는 것
 - (   ) : 정답이 없는 데이터를 통해 학습하는 것
 - (   ) : 실패와 보상을 통해 학습하는 것

③ 인공지능의 정확도를 높이려면 어떻게 해야 할까요?

4~6차시

배움단계 (시량)	교수·학습활동	자료(자) 및 유의점(유)
배움열기 (10')	⚙️ **동기 유발 및 전시학습 상기** • 영상 시청하기 유재석의 공감 능력 관련 영상 시청하고 이야기 나누기 ⚙️ **배움 목표** • 배움 목표 알아보기 너와 나의 인권을 지키는 공감 대화를 나눌 수 있다. ⚙️ **배움 순서** • 배움 순서 알아보기 배움 1. 우리는 어떻게 말해야 할까요? 배움 2. 마음을 살피는 방법 익히기 배움 3. 공감하며 대화하기	(자) 영상

배움활동
(90')
	⚙️ **배움 1. 우리는 어떻게 말해야 할까요?**
	○학급 언어 습관 교정하기
	• 학급 학생들의 언어 습관 성찰하기
	  - 학급 친구들이 하지 않았으면 좋겠다고 생각하는 말 공유하기
	  - 학급 친구들에게 들어서 좋았던 말 공유하기
	• 우리 반 언어 습관 약속하기
	  - '이 말만은 하지 말자', '이런 말을 자주 하자' 토의하여 약속하기
		(자) PPT, 사진, 스마트기기, 활동지

	⚙️ 배움 2. 마음을 살피는 방법 익히기
	○ 마음을 살피는 방법 알아보기
	• 다른 사람의 마음을 살피는 방법 알아보기
	  - 사진 속 표정을 보고 어떤 감정인지 유추해 보기
	  - 영상을 시청하고 이야기 나누기
	  - 다른 사람에게 먼저 관심을 갖는 것이 마음을 살
	    피는 방법임을 깨닫기
	  - 학기 초를 떠올리며 공감하기
	
	⚙️ 배움 3. 공감하며 대화하기
	○ 공감하며 대화하기
	• 멘티미터로 위로가 되는 말 파악하기
	  - 멘티미터 QR코드 제시하기
	  - 힘들 때 듣고 싶은 위로의 말 입력하고 결과 확인하기
	• 뤼튼과 함께 위로의 말 교정하기
	  - 멘티미터 결과를 발전시켜 모둠별로 위로의 말 정
	    해서 붙임쪽지에 적기
	  - 교사가 이를 뤼튼에 반영하여 교정된 위로의 말
	    생성하기
	  - 뤼튼과 모둠별 위로의 말 중에 어느 것이 더 위로
	    가 되는지 생각해 보기
	  - 다른 사람의 감정을 어루만져 주는 말의 힘을 이
	    해하기	

배움정리
(20')
	⚙️ 배움 활동 정리
	• 배운 내용을 정리하기
	  - 활동지 정리하며 공감의 의미와 힘 되새기기
	  - 앞으로의 다짐 적어 보기
	
	⚙️ 차시 예고
	• 다음 시간에 배울 내용 확인하기
	  - 생명 존중 공감봇을 만들어 봅시다.
		(자) 활동지

본 차시는 공감에 대해 알고 공감하는 대화법에 대해 이야기 나누며 인공지능과 함께 다듬어 보는 것을 목적으로 합니다.

배움 1에서는 학급의 언어 습관을 진단합니다. 또한 공감의 측면에서 부정적인 말과 긍정적인 말을 탐색 및 공유하고 학습의 언어 습관을 약속하여 실천하는 것을 목적으로 합니다.

배움 2~3에서는 영상과 자신의 경험을 바탕으로 공감하는 방법에 대해 생각합니다. 서로 힘들 때 듣고 싶은 위로의 말을 적어 보고 인공지능의 위로의 말과 비교해 보며 어떤 말이 더 위로가 되는지 알아보는 것을 목적으로 합니다. 이때, '인공지능이 무조건 옳다'는 오개념이 형성되지 않도록 합니다.

🤖 활동 방법

배움 1은 평소 학급의 모습을 바탕으로 '친구들이 하지 않았으면 좋겠다고 생각하는 말'과 '친구들에게 들어서 좋았던 말'을 패들렛에 작성합니다. 이때 공감 기능을 활용하여 더 많은 의견을 알아볼 수 있도록 합니다. 이를 바탕으로 우리 반 언어 습관 약속('이 말만은 하지 말자', '이런 말을 자주 하자')을 정해 학급 규칙으로 삼아 지속적으로 지킬 수 있도록 합니다.

배움 2에서는 공감의 방법에 대해 알아봅니다. 우선 여러 이미지를 보고 감정을 유추해 봅니다. 다음으로 영상을 보고 공감을 하려면 다른 사람에게 먼저 관심을 가져야 함을 이해합니다. 다음으로 학기 초 학급에 적응하던 때를 떠올리며 다른 사람이 나에게 어떠해서 좋았는지 또는 어떻게 했으면 좋았겠는지 생각해 보며 여러 입장을 알고 공감할 수 있도록 합니다.

배움 3에서는 먼저 멘티미터(워드클라우드)를 활용하여 '힘들 때 듣고 싶은 위로의 말'을 입력하여 공유합니다. 이후 모둠에서 정선하여 대표 위로의 말을 붙임쪽지에 적습니다. 붙임쪽지에 적힌 문구는 교사가 뤼튼을 활용하여 더 위로가 될 수 있는 말로 변형해 보고 결과를 공유합니다. 학생들은 어떤 것이 더 위로가 되는지, 그 이유가 무엇인지 이야기 나눠 보고 공감하는 말의 특징을 파악합니다. 마지막으로 활동지를 정리하면서 앞으로의 다짐도 적어 보도록 합니다.

◆◆ 활동 팁 ◆◆

멘티미터의 워드클라우드 기능에서는 띄어쓰기를 하면 서로 다른 답변으로 인식하여 분류할 수 있습니다. 때문에 활용 전 학생들에게 띄어쓰기를 하지 않도록 지도합니다.

배움 3에서 힘들 때 듣고 싶은 위로의 말을 모을 때에 공통되는 문구를 찾고자 멘티미터(워드클라우드)를 활용했습니다. 하지만 패들렛에서 공감 기능을 활용해도 좋습니다.

시간적 여유가 된다면 교사가 대표로 뤼튼을 활용하기보다는 학생들이 직접 뤼튼을 활용해 보고 더 위로가 되는 문구를 최종 선정해 보는 것도 추천드립니다.

공감봇 4~6차시	인권을 지키는 공감 대화	학년 반 이름:

■ 영상에서 말하는 '유재석'의 특성은 무엇이 있었나요?

① _____

② _____

■ 경험 떠올리기
• 학기초에 나에게 먼저 다가와 준 친구가 있었나요?

_____

• 있었다면 어떻게 친구가 다가와 주었나요? 그때 어떤 마음이 들었나요?

_____

_____

• 없었다면 새로운 친구에게 어떤 말을 듣고 싶었나요?

_____

_____

■ 배운 내용 정리하기
• 다른 사람의 감정을 함께 느끼는 것을 무엇이라고 하나요?

_____

• 다른 사람의 마음을 살피려면 우선 어떻게 해야 하나요?

_____

• 앞으로의 나의 다짐을 적어 봅시다.

_____

7~9차시

배움단계 (시량)	교수·학습활동	자료(자) 및 유의점(유)

배움
열기
(10')
	⚙ **전시학습 상기**
	
	• 전시학습 상기하기
	  - 이전 수업 내용 퀴즈로 복습하기
	
	⚙ **배움 목표**
	
	• 배움 목표 알아보기
	  생명 존중 공감봇을 만들 수 있다.
	
	⚙ **배움 순서**
	
	• 배움 순서 알아보기
	  배움 1. 엔트리와 친해지기
	  배움 2. 생명 존중 공감봇 만들기	

배움
활동
(60')
	⚙ **배움 1. 엔트리와 친해지기**
	○엔트리 알아보기
	• 엔트리 구성 및 기본 기능 익히기
	  - 오브젝트와 블록꾸러미 등의 구성 익히기
	  - 오브젝트 추가, 간단한 블록 사용 등 기본 기능 익히기
	
	⚙ **배움 2. 생명 존중 공감봇 만들기**
	○생명 존중 공감봇 만들기
	• 표정을 보고 적절한 말을 건네는 공감봇 프로그래밍하기
	  - 기본 대화 프로그래밍하기
	  - '인공지능' 블록을 활용하여 긍정/부정적인 표정 분류 학습시키기
		(자) PPT, 스마트기기, 활동지

| | - 웹캠으로 촬영된 표정이 긍정/부정적인 표정일 때 건넬 말을 입력하기
- 오류 수정 및 보완하기
• 작품 공유 및 반성하기
- 모둠 내 작품을 공유하며 동료 평가하기
○ 생명 존중 공감봇 일주일간 사용해 보기
• 공감봇 체험하기
- 공감봇 일주일간 사용해 보기
- 일주일 동안 받은 답변 기록하기
- 공감봇에게 해 주고 싶은 말 작성하기 | |

 활동 목적

　본 활동에서는 프로젝트 최종 산출물을 제작하고 활용하는 것을 목적으로 합니다.

　배움 1에서는 공감봇 프로그래밍에 필요한 기능 및 기본 사용법을 익히는 것을 목적으로 합니다. 자연스럽게 컴퓨팅 사고의 순차, 선택, 반복 구조를 익힐 수 있도록 합니다.

　배움 2에서는 프로젝트 최종 산출물로 생명 존중 공감봇을 각자 프로그래밍하고 이를 정해진 기간 동안 활용하며 학생 자신의 생명을 존중하고 공감 대화를 익히는 것을 목적으로 합니다.

활동 방법

　배움 1에서는 엔트리의 구성 및 기능, 활용 방법을 고루 익히고 작은 미선들을 제시하여 학생들이 주도적으로 탐색할 수 있도록 합니다. 또한 인공지능 블록인 이미지 분류 기능을 보여 주고 머신러닝포키즈와 비교하여 활용할 수 있도록 합니다.

배움 2에서는 교사의 PPT 안내에 따라 공감봇을 본격적으로 프로그래밍합니다. 우선 인공지능 블록으로 긍정/부정 표정을 학습시키기 위해 필요한 사진을 저장합니다. 저장한 사진을 활용하여 이미지 분류 학습을 시킵니다. 생성된 인공지능 블록을 활용하여 분류 결과에 따른 공감봇의 대사를 설정합니다. 이후 실행해 보며 오류를 수정하고 작품을 보완합니다. 작품은 모둠 내에서 공유하고, 정해진 기간 동안 일정한 시간대에 활용해 보고 답변을 기록하며 후기를 남깁니다.

◆◆ 활동 팁 ◆◆

이미지 분류를 학습시킬 때에는 원하는 부분이 이미지의 대부분의 영역을 차지하도록 안내하여 인공지능의 인식 오류를 예방합니다. 또한 사용할 사람의 표정 이미지로 학습시키는 것이 추후 정확한 분류 결과에 도움이 됩니다.

공감봇의 대사를 작성할 때에는 전 차시에 작성한 모둠별 대표 위로의 말과 뤼튼이 변형한 위로의 말을 적극 활용할 수 있도록 합니다.

각자 만든 공감봇을 활용하면 자신이 입력한 대사를 듣게 되어 금방 흥미가 식을 수 있습니다. 서로 공감봇을 바꾸어 활용하거나(엔트리의 학급방 기능 활용) 또는 교사가 학생들을 이미지를 학습시키고 변수로 다양한 대사를 설정한 공감봇을 배포하는 것도 좋습니다.

공감봇의 분류 결과가 옳지 못할 수 있습니다. 그 경우 인공지능이 늘 옳지 못하며 현재 기술의 한계점을 지도해 주는 것이 좋겠습니다.

〈그림 15〉 화면 구성 예시

부정 표정_답변

1	잘했어.
2	정말 잘 해냈다. 내가 자랑스러워.
3	수고 많았어. 네 노력이 빛을 발할 거야.
4	힘든 일도 잘 견디고 있구나. 너무 대단하다.
5	괜찮아 시간이 해결해 줄 거야.

시작하기 버튼을 클릭했을 때

안녕? 오늘 기분이 어때? 을(를) 5 초 동안 말하기 ▼

비디오 화면을 학습한 모델로 분류 시작하기 ▼

만일 분류 결과가 부정 표정 ▼ 인가? (이)라면

음.. 너의 표정을 보니 오늘 기분이 좋은 편인가 보구나! 을(를) 2 초 동안 말하기 ▼

너의 기분이 좋아서 다행이다! 늘 오늘처럼 즐거운 마음이길 바라^^ 을(를) 500 초 동안 말하기 ▼

아니면

음.. 너의 표정을 보니 오늘은 조금 기분이 좋지 않은 모양이네.. 을(를) 2 초 동안 말하기 ▼

부정 표정_답변 ▼ 의 1 부터 22 사이의 무작위 수 번째 항목 을(를) 500 초 동안 말하기 ▼

내일은 오늘보다 나은 하루에 되길 바라^^ 을(를) 4 초 동안 말하기 ▼

시작하기 버튼을 클릭했을 때

계속 반복하기

　계속 반복하기

　　말하는 앞모습_2 ▼ 모양으로 바꾸기

　　0.5 초 기다리기

　　말하는 앞모습_1 ▼ 모양으로 바꾸기

　　0.5 초 기다리기

시작하기 버튼을 클릭했을 때

리스트 부정 표정_답변 ▼ 숨기기

〈그림 16〉 답변 변수 설정 코드 예시

공감봇 7~9차시	생명 존중 공감봇 만들기	학년 반 이름:

■ 한 주 동안 공감봇을 체험해보고 얻은 답변을 기록해 봅시다.

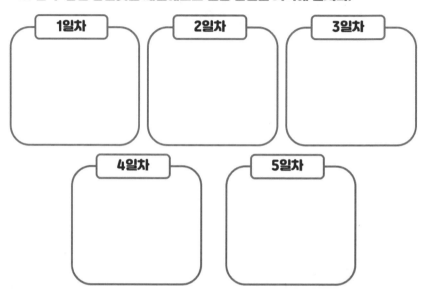

1일차

2일차

3일차

4일차

5일차

■ 공감봇을 체험해본 소감과 공감봇에게 전해주고픈 말을 적어 봅시다.

평가영역	평가항목	잘함	보통	미흡
인지적 영역	지도학습과 비지도학습의 개념을 올바르게 설명할 수 있는가?			
	생명 존중 공감봇을 성공적으로 프로그래밍하였는가?			

또 어떤 기능을 추가하면 좋을지 적어 봅시다.

 이런 활동도 할 수 있어요

1. 마지막 차시의 '활동 팁'에서 제시한 교사 버전 공감봇을 학생이 만들 수 있습니다. 다만 변수의 리스트 기능을 익히는 작업이 필요하니 차시를 추가로 확보하여 차근히 진행하는 것이 좋겠습니다.

2. 엔트리와 같은 교육용 프로그래밍 플랫폼에 탑재되어 있는 인공지능 기술은 미세한 표정을 분류하기에 어려움이 있습니다. 표정을 섬세하게 구분해 내기 위해 어떤 점을 발전시키면 좋을지 토의해 보는 것도 좋은 학습이 되겠습니다.

3. 본 프로젝트의 최종 목적 중 하나는 공감 대화를 익혀 평소에도 활용하는 것입니다. 4~6차시에서 정리한 내용을 실천할 수 있도록 환경을 조성해 주면 좋습니다.(예 : 학급 언어 습관 약속을 규칙으로 정하기, 자신의 다짐을 공언하기/문구 작품으로 만들어 게시하기 등)

〈그림 17~20〉 수업 장면

Q&A

도덕 가치와 관련된 수업이라 활용되는 영상이 중요할 것 같은데 고민이에요.

저도 학생들의 이해와 공감을 이끌어 내기 위해 적합한 영상 자료를 찾느라 정성을 많이 들였답니다. 책에 포함된 QR을 참고하시면 수업 PPT에 활용한 영상자료에 대한 언급이 있습니다. 저작권 등으로 링크를 표시할 수는 없지만 참고하시면 도움이 될 것 같습니다. :)

Q 인공지능이 표정을 정확히 판별할 수 있나요?

 A 플랫폼별로 탑재되는 인공지능의 인식 수준이 천차만별이기 때문에 긍정/부정 표정을 판별하기에 어려움이 있을 수 있습니다. 정확히 판별하지 못하더라도 인공지능 기술의 가능성과 제한점에 대해 설명해 주신다면 좋은 학습이 될 것 같습니다!

 Q 학생들에게 코딩 난이도가 너무 높지는 않을까요?

 A 블록코딩의 장점 중 하나는 따라 하기 쉽다는 것입니다! 난이도가 염려될 때에는 모범답안을 빈칸과 적절히 섞어 제시하는 것을 추천합니다. 완성 후 느끼는 자기효능감이 또 긍정적인 영향을 주기도 합니다.

🔍 │ 간식 건강 신호등 만들기

대상 학년 6학년

대상 과목 실과, 수학

핵심 성취 기준 (2022) [6실01-04] 균형 잡힌 식사의 중요성과 조건을 탐색하여 자신의 식습관을 검토해 보고 건강한 식습관 형성에 적용한다.

[6실05-02] 컴퓨터에게 명령하는 방법을 체험하고, 주어진 문제를 해결하는 프로그램을 작성한다.

[6실05-04] 디지털 데이터와 아날로그 데이터의 특징을 이해하고, 인공지능에 활용할 수 있는 데이터의 유형이나 형태를 탐색한다.

[6수04-03] 탐구 문제를 설정하고, 그에 맞는 자료를 수집, 정리하여 적절한 그래프로 나타내고 해석할 수 있다.

활용 AI 플랫폼 멘티미터(워드클라우드), 엔트리

차시별 흐름	
차시	주제
1~2	데이터를 알고 시각화하기
3~4	간식의 영양 성분 조사하기
5~8	우리 반 간식 건강 신호등 만들기

본 프로젝트의 주제는 '간식'으로 설정하였습니다. 초등학생들이 선호하는 주제를 통해 수업 집중도를 끌어올리고자 하였고, 원활한 수업 운영을 위하여 '당'에 집중하여 내용을 설계하였습니다.

이처럼 수업을 융합·설계한 이유는 다음과 같습니다. 첫째, 실과 '균형 잡힌 식사'의 경우 단순 지식 습득에 그치기 쉽습니다. '어떤 영양성분은 얼마만큼 섭취하라'는 지식은 알지만 스스로의 식습관을 돌아보고 적용하기에는 어려움이 있습니다. 본 프로젝트는 나의 식사 습관을 데이터로 변환해 보고 직접 프로그래밍한 도구를 활용하여 진단하여 스스로 개선해 나가기 위한 기회를 제공합니다. 둘째, 수학의 '여러 가지 그래프'를 실생활에 적용하는 경험을 제공합니다. 실생활 속 자신의 데이터를 각종 그래프로 나타냈을 때 수치를 시각적으로 확인해 봄으로써 학생은 그래프의 실효성을 느낄 수 있습니다. 뿐만 아니라 영양성분의 비율을 원그래프로 나타내면 직관적으로 그 비율을 인식하기에 좋습니다.

따라서 본 프로젝트는 학생들에게 균형 잡힌 식사의 실천, 프로그래밍 경험, 그래프의 실효성 체감의 기회를 제공한다고 할 수 있습니다.

수업에 대한 학생들의 흥미를 불러일으키는 방법 중 하나는 주제를 잘 정하는 것입니다. 학급의 공통된 관심사가 있다면 사전 조사를 통해 주제를 설정해 보는 것을 추천합니다. 다만 어떤 부분을 데이터와 그래프로 나타내 볼지 미리 설계해 보아야겠습니다.

1~2차시에 활용되는 멘티미터(워드클라우드)는 구글 계정을 기반으로 하는데, 종종 자녀 보호 기능으로 접근이 차단되는 경우가 있습니다. 때문에 여분의 태블릿 등을 준비해 두면 좋습니다. 사실 이외에도 다양한 인터넷 사이트를 활용하기 위해 학생용 구글 계정을 일괄 발급받는 것도 추천합니다.

1~2차시

배움단계 (시량)	교수·학습활동	자료(자) 및 유의점(유)

배움열기 (10')	⚙️ **동기 유발**
	• 학급의 데이터 모아보기
	  - 간단한 밸런스 게임을 해 보고 표로 정리하기
	  - 과목별 선호도를 조사해 보고 표로 정리하기
	
	⚙️ **배움 목표**
	• 배움 목표 알아보기
	데이터를 알고 시각화할 수 있다.
	
	⚙️ **배움 순서**
	• 배움 순서 알아보기
	배움 1. 데이터란?
	배움 2. 내 간식 데이터 분석하기
		(유) 동기 유발 내용은 칠판에 교사가 대표로 정리합니다.

배움활동 (60')	⚙️ **배움 1. 데이터란?**
	○데이터 이해하기
	• 데이터의 개념 이해하기
	  - 영상, 활동지, PPT를 통해 데이터 개념 이해
	  - 컴퓨터과학과 인공지능 영역에서의 데이터의 중요성 알기
	○데이터 시각화하기
	• 데이터 시각화 방안 학습하기
	  - 표, 여러 가지 그래프 등 데이터 시각화 방안을 탐색하고 각각의 특징 파악하기
	• 데이터 시각화의 유의점 이해하기
	  - 데이터 시각화로 인해 발생할 수 있는 왜곡 이해하기
		(자) PPT, 활동지, 영상, 스마트기기

	⚙️ **배움 2. 내 간식 데이터 분석하기**
	
	○ 간식 습관 데이터화하기
	• 간식 습관 데이터화하기
	  - 자신의 간식 습관(빈도수 등) 표로 나타내기
	  - 자신의 간식 습관 데이터를 적절한 방법으로
	    시각화하기
	  - 결과 공유하고 가장 적절한 시각화 방법 탐색
	    하기
	
	○ 우리 반 간식 베스트셀러 조사하기
	• 우리 반 간식 베스트셀러 조사하기
	  - 멘티미터의 워드클라우드를 통해 우리 반이
	    즐겨 먹는 간식 조사하기
	  - 상위 10종 간식 추려 내기
	  - 워드클라우드의 장점 파악하기	

배움정리
(10')
	⚙️ **배움 활동 정리**
	• 활동지를 통해 배운 내용 정리하기
	  - 데이터의 개념과 다양한 시각화 방법 정리하기
	
	⚙️ **차시 예고**
	• 다음 시간에 배울 배움 주제 확인하기
	  - 간식별 식품영양성분 파악하기
		(자) PPT
		
		(유) 데이터가 컴퓨터 과학과 인공지능의 기본 자료가 됨을 인지할 수 있도록 합니다.

🤖 **활동 목적**

　배움 1은 학생들에게 익숙한 '데이터'의 개념을 정립하고 빅데이터와 컴퓨터과학, 인공지능의 관련성을 이해하는 것이 목적입니다. 또한 다양한 표, 그래프의 사례를 통해 수학 교과 내용을 복습하고 데이터 왜곡 유형을 알고 예방하고자 합니다.

배움 2는 프로젝트의 큰 주제가 등장하여 흥미를 돋우고 나와 관련된 실생활 자료를 다양한 방법으로 시각화해 보며 그래프별 특징을 체감하는 것이 목적입니다. 또한 워드클라우드를 통해 색다른 데이터 시각화 방법을 알고 후속 수업을 위해 상위 10종 간식을 추려 내고자 합니다.

🤖 활동 방법

배움 1에서 데이터를 이해할 때에는 영상과 사진 자료를 적극적으로 활용하고 활동지에 글로 정리함으로써 개념을 정립합니다. 이를 빅데이터로 확장하여 컴퓨터과학과 인공지능 영역에서 데이터가 어떤 역할을 하는지 관계성을 파악합니다. 빅데이터의 개념은 학생들이 이해하기 어려울 수 있으므로 SNS의 자동 추천 기능처럼 익숙한 예시나 영상 자료를 예시로 활용하면 좋습니다.

배움 2에서는 하루에 내가 먹는 간식의 횟수를 표로 나타내고 적절한 방법으로 시각화합니다. 시각화 방법은 배움 1에서 배운 그래프로 한정하여 어떤 방법이 가장 적절한지 스스로 탐색하도록 합니다. 이후 멘티미터의 워드클라우드 기능을 활용하여 우리 반의 선호 간식을 조사하는데, 워드클라우드 역시 데이터를 시각화하는 하나의 방법이고 크기와 색으로 다양한 효과를 줄 수 있음을 함께 지도합니다. 이 활동으로 도출된 상위 10종 간식은 후속 학습에 활용되므로 잘 기록해 둡니다.

◆◆ 활동 팁 ◆◆

우선 본 차시는 프로젝트 수업의 첫 시간이므로 학생들에게 공부를 하는 느낌 보다는 익숙하고 다양한 자료로 익히고 실생활 자료를 모아 보는 부담 없는 시간으로 진행하는 것이 전체 프로젝트를 이끌어 가는 데에 효과적입니다.

데이터 왜곡의 사례를 제시할 때에는 유형별로 정리하여 제시하는 것이 자연스러운 학습에 도움이 됩니다. 예를 들어 '형식 미준수'에 의한 사례를 연달아 제시하고, '상징적인 색상의 잘못된 사용'에 의한 사례를 연달아 제시하는 방식입니다. 또한 각종 데이터 사례들을 활용할 때에는 반드시 출처를 명시하여 학생들이 스스로 디지털 윤리에 대해 인식할 수 있도록 합니다.

선호 간식을 조사할 때에 비슷하지만 다른 간식이 많이 나오게 되는데, 상황에 적절히 합쳐 집계하는 것이 혼란을 덜 수 있습니다.

건강 신호등 1~2차시	데이터를 알고 시각화하기	학년 반 이름:

■ 여러분은 간식을 하루에 몇 번씩 먹나요?

■ 지난 일주일 간 하루에 먹은 간식 횟수를 표로 나타내어 봅시다.

요일	월	화	수	목	금	토	일
횟수							

■ 위와 같은 데이터를 꺾은선 그래프로 나타내어 봅시다.

< 꺾은선 그래프 그리는 방법 >

① 알맞은 제목 붙이기
② 가로선, 세로선을 값을 나타내기에 적당한 간격으로 나누기
③ 가로선, 세로선의 맞는 값에 점 찍기
④ 점을 곧은 선으로 잇기

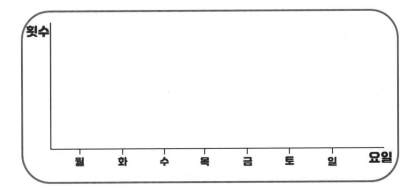

건강 신호등 1~2차시	데이터를 알고 시각화하기	학년 반 이름:

■ 우리 반 간식 베스트셀러 조사하기

1) 가장 많이 입력된 간식은 무엇인가요?

----

2) 상위 10종을 순서대로 정리해 봅시다.

----

3) 적절한 형식의 그래프로 데이터를 시각화해 봅시다.
   예) 막대그래프, 원그래프, 띠그래프, 꺾은선 그래프 등

■ 배운 내용을 정리해 봅시다.

① (   )란, 어떠한 이론의 기초가 되는 '사실'이나, 관찰이나 실험, 조사로 얻게 된 '정보'를 말합니다.

② (   )는 (   ), (   ), (   ) 등 형식이 다양합니다.

③ 대규모 데이터 혹은 이를 다루는 기술을 (   ) 라고 합니다.

④ 데이터를 시각화할 때에는 데이터를 잘 나타낼 수 있는 방법을 선택하고, 왜곡이 일어나지 않도록 주의해야 합니다.

3~4차시

배움단계 (시량)	교수·학습활동	자료(자) 및 유의점(유)

배움열기
(10')
	⚙️ **동기 유발**
	• 질문에 대해 이야기 나누기
	  - '과자만 먹어도 살 수 있을까?' 질문하기
	  - 과자에 칼로리라는 에너지 외에도 다양한 영양성
	    분 등이 있음을 인지하기
	
	⚙️ **배움 목표**
	• 배움 목표 알아보기
	  간식의 영양 성분을 조사할 수 있다.
	
	⚙️ **배움 순서**
	• 배움 순서 알아보기
	  배움 1. '식품영양표시'란?
	  배움 2. 우리 반 간식 분석하기	

배움활동
(60')
	⚙️ **배움 1. '식품영양표시'란?**
	◦ 식품영양성분과 친해지기
	• 식품영양성분 이해하기
	  - 생활 주변의 다양한 식품을 통해 식품영양표시 발
	    견하기
	  - 식품영양표시 읽는 법 익히기
	  - 자주 먹는 간식의 식품영양성분 조사하여 서로 비
	    교하기
	• 권장섭취량 이해하기
	  - 탄수화물, 지방, 당류, 나트륨 등등 영양성분별 권
	    장 섭취량이 있음을 알고 설정 원리 이해하기
		(자) PPT, 활
		동지, 스마트
		기기

	⚙️ **배움 2. 우리 반 간식 분석하기**	
	○우리 반 간식 베스트셀러 분석하기	
	• 우리 반 간식 베스트셀러 분석하기	
	- 상위 10종의 식품영양표시 조사하기	
	- 상위 10종의 영양성분 중 당의 하루 권장섭취량에 대한 비율을 원그래프로 나타내기	
	- 내가 하루에 간식으로만 섭취하는 당의 비율 나타 내기	
	- 당을 과다 섭취했을 때 발생할 수 있는 문제 알아 보기	
배움정리 **(10')**	⚙️ **배움 활동 정리**	
	• 배운 내용 정리하기	
	- 활동지 정리하고 영양성분표시에 대한 내용 복습 하기	
	- 소감 나누기	
	⚙️ **차시 예고**	
	• 다음 시간에 배울 배움 주제 확인하기	
	- 우리 반 간식 건강 신호등 만들기	

🤖 **활동 목적**

배움 1은 5학년 교육과정에서 학습한 영양소에 대한 내용을 확장시켜 식품영양성분을 알고 식품영양표시를 직접 찾아 해석해보는 것이 목적입니다. 이때 영양성분별 권장 섭취량을 이해하고 적절한 섭취량을 알 수 있도록 합니다.

배움 2는 이전 차시에서 도출된 우리 반 간식 상위 1종의 식품영양표시

를 인터넷을 활용하여 직접 조사해 보고 권장량에 대한 비율을 원그래프
로 나타내 보는 것이 목적입니다. 이때 내가 평소에 섭취하는 영양성분은
어떠한지 그래프로 나타내 보고 스스로 반성할 수 있도록 합니다.

🤖 활동 방법

배움 1에서는 학생들이 교실에서도 당장 찾아볼 수 있는 우유의 식품영
양표시로 시작하여 또 어디에서 이러한 표를 보았는지 이야기 나눠 보며
개념을 이해하고 함께 영양성분표를 해석해 봅니다. 해석하는 방법을 익
히고 나면 1회 분량과 전체 분량의 영양성분 양의 변화 등을 알게 하여 학
생들이 오개념을 갖지 않도록 지도합니다.

배움 2에서는 제시된 사이트를 활용하여 우리 반 간식 상위 10종의 식
품영양표시를 조사합니다. 이후 학습 부담 경감을 위해 모둠별 3개 식품
씩만 당의 1일 기준치 비율을 원그래프로 나타냅니다. 이때 전체에 대한
비율을 나타내기에 적합한 그래프는 원그래프임을 함께 지도합니다.

> ◆◆ 활동 팁 ◆◆
>
> 학급의 수준을 고려하여 백분율의 복습이 필요하다면 사전에 짚어 주는 것
> 이 원활한 진행에 도움이 됩니다.
> 당근이나 소포장된 과자 등에는 식품영양표시가 없다는 질문을 받을 수 있
> 습니다. 이때 영양성분표시법에 근거하여 식품영양표시는 가공식품에 해당
> 되며, 소포장된 과자의 경우 과자 전체의 포장지에만 표기될 수 있음을 알려
> 줍니다.

건강 신호등 3~4차시	간식의 영양성분 조사하기	학년 반 이름:

■ **식품영양표시에 대해 알아 봅시다.**

1) 식품영양표시의 각 부분이 무엇을 나타내는지 적어 봅시다.

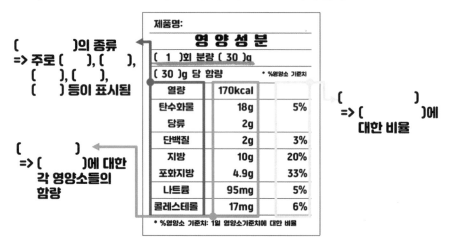

2) 가장 좋아하는 간식을 두 가지 골라 영양성분을 조사해 봅시다.

제품명:		
영 양 성 분		
[ ]회 분량 ( )g		
[ ]g 당 함량	* %영양소 기준치	
열량	( )kcal	%
탄수화물	( )g	%
단백질	( )g	%
지방	( )g	%
나트륨	( )mg	%
		%
		%

* %영양소 기준치: 1일 영양소기준치에 대한 비율

제품명:		
영 양 성 분		
[ ]회 분량 ( )g		
[ ]g 당 함량	* %영양소 기준치	
열량	( )kcal	%
탄수화물	( )g	%
단백질	( )g	%
지방	( )g	%
나트륨	( )mg	%
		%
		%

* %영양소 기준치: 1일 영양소기준치에 대한 비율

| 건강 신호등 3~4차시 | 간식의 영양성분 조사하기 | 학년 반 이름: |

■ 우리 반 간식 베스트셀러 조사하기

1) 우리 반 간식 베스트셀러 10종 영양성분을 조사해 봅시다.
   ※ 단위 중량이 아닌 간식 1개 기준으로 작성합니다.

간식	열량	탄수화물	당	단백질	지방	나트륨
①	kcal	g	g	g	g	mg
②	kcal	g	g	g	g	mg
③	kcal	g	g	g	g	mg
④	kcal	g	g	g	g	mg
⑤	kcal	g	g	g	g	mg
⑥	kcal	g	g	g	g	mg
⑦	kcal	g	g	g	g	mg
⑧	kcal	g	g	g	g	mg
⑨	kcal	g	g	g	g	mg
⑩	kcal	g	g	g	g	mg

2) 베스트셀러 중 3가지를 골라 당의 1일 기준치 비율을 원그래프로 나타내어 봅시다.

의 당 비율 (1일 기준)

의 당 비율 (1일 기준)

의 당 비율 (1일 기준)

💡 12세 기준 당 1일 기준치는 25g 이하! => $\dfrac{\Box}{25} \times 100$

5~8차시

배움단계 (시량)	교수·학습활동	자료(자) 및 유의점(유)

배움열기
(10')
	⚙ **동기 유발 및 전시학습 상기**
	
	• 영상 시청하기
	  - 간식의 영양성분과 악영향에 관련된 영상 시청하고 이야기 나누기
	
	⚙ **배움 목표**
	
	• 배움 목표 알아보기
	  우리 반 간식 건강 신호등을 만들 수 있다.
	
	⚙ **배움 순서**
	
	• 배움 순서 알아보기
	  배움 1. 엔트리와 친해지기
	  배움 2. 우리 반 간식 건강 신호등 만들기
		(자) 영상

배움활동
(140')
	⚙ **배움 1. 엔트리와 친해지기**
	
	○엔트리 알아보기
	• 엔트리 구성 및 기본 기능 익히기
	  - 오브젝트와 블록꾸러미 등의 구성 익히기
	  - 오브젝트 추가, 간단한 블록 사용 등 기본 기능 익히기
	  - 간단한 작품 만들어 공유하기
	
	⚙ **배움 2. 우리 반 간식 건강 신호등 만들기**
	
	○간식 건강 신호등 프로그래밍하기
	• 간식 건강 신호등 프로그래밍하기
	  - 상위 10종 간식의 당 함량을 데이터로 만들기
	  - 각 간식의 당 함량을 변수로 설정하기
		(자) PPT, 활동지, 스마트 기기

	- 필요한 오브젝트(신호등, 배경 등)를 추가하여 교사의 시범과 함께 프로그래밍하기 ㅇ우리 반 간식 건강 신호등 활용하기 • 우리 반 간식 습관 진단하기 - 10종의 간식 중 지난주에 먹은 간식을 모두 선택하기 - 결과를 확인하고 나의 간식 습관 개선 방안 탐색 및 실천하기 • 추가하고 싶은 기능 브레인스토밍하기	
배움정리 (10')	⚙️ 배움 활동 정리 • 배운 내용 정리하기 - 영양성분별 권장 섭취량 돌아보기 - 소감 나누기	

 활동 목적

배움 1에서는 본격 프로그래밍 이전에 엔트리의 기본 사용법을 익히는 것을 목적으로 합니다. 이때 단계별로 이루어지는 컴퓨팅 사고를 잠재적으로 학습할 수 있습니다.

배움 2에서는 프로젝트 최종 산출물로 간식 건강 신호등을 각자 프로그래밍하고 이를 정해진 기간 동안 활용하여 자신의 간식 식습관을 진단하고 개선하는 것을 목적으로 합니다. 배움 1에서 나아가 변수를 설정할 수 있습니다.

배움 1에서는 엔트리의 구성 및 기능, 활용 방법을 다양하게 익힙니다. 기능별로 차례로 알려 주되 해당 기능과 관련한 작은 미션들을 제시하여 학생들의 주도적 탐색, 활용을 유도합니다.

배움 2에서는 최종 목표인 간식 건강 신호등의 프로그래밍 및 활용이 이루어집니다. 우선 '당 함량'을 변수로 설정합니다. 텍스트 오브젝트를 추가하여 간식명을 나타내고 클릭했을 때 해당 간식의 당 함량만큼 변수가 증가하도록 합니다. (이전 차시에 모둠별로 조사했던 당 함량 활용) 마지막으로 신호등 오브젝트를 추가하여 변수(당 함량)이 일정 수치를 넘었을 때 지정된 색을 나타내도록 합니다. 이때, 신호등 색별 기준 수치는 학생들과 함께 정합니다. 나머지 배경이나 멘트 등은 학생들이 자유롭게 설정할 수 있도록 합니다.

완성된 간식 건강 신호등은 정해진 기간만큼 활용해 보고 결과를 활동지에 정리하여 학생들의 실질적 식습관 개선을 위해 적극 활용합니다. 활용 기간이 끝났다면 활동을 최종 마무리하며 어떤 기능이 추가되었으면 좋겠는지 이야기를 나눕니다.

동기 유발 영상을 선정할 때에는 간식에 대한 잘못된 인식을 심어 주지 않도록 신중히 선정하는 것을 추천합니다.

배움 1의 기능별 작은 미션들을 제시할 때에는 다양한 방법으로 미션을 해결할 수 있도록 안내하여 학생들의 수준별 맞춤 미션이 되도록 합니다. 또한 사전에 학생별 엔트리 활용 수준을 분석하여 모둠을 구성하여 진행하면 서로 협력하며 원활한 수업 진행에 도움이 될 수 있습니다.

시간적 여유가 부족하다면 배움 1의 '간단한 작품 만들어 공유하기'는 생략해도 좋습니다.

〈그림 21〉 건강 간식 코드 예시

〈그림 22〉 간식별 코드 예시

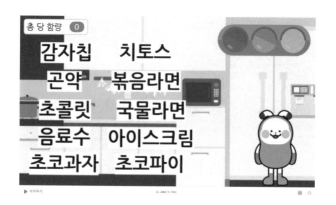

시작하기 버튼을 클릭했을 때

안녕? 어제 너는 어떤 간식들을 먹었니? 을(를) 2 초 동안 말하기 ▼

설마 너무 많은 걸 먹은 건 아니지? ❀❀ 을(를) 2 초 동안 말하기 ▼

자, 네가 먹은 것들을 한 번 클릭해봐! 을(를) 2 초 동안 말하기 ▼

같은 것이 없으면 비슷한 간식으로 선택해도 좋아. 여러 개 먹었다면 여러 번 클릭하면 돼. 을(를) 4 초 동안 말하기 ▼

계속 반복하기

만일 총 당 함량 ▼ 값 < 100 (이)라면

너 정말 건강한 식습관을 가졌구나? 멋져! 을(를) 말하기 ▼

만일 100 < 총 당 함량 ▼ 값 (이)라면

음... 을(를) 말하기 ▼

만일 250 < 총 당 함량 ▼ 값 (이)라면

간식도 좋지만 너무 많이 먹지는 마^^ 을(를) 말하기 ▼

만일 400 < 총 당 함량 ▼ 값 (이)라면

ㅊ...잠깐..! 너 정말 위험해!! 당을 조금 줄이는 것이 좋겠어. 을(를) 말하기 ▼

〈그림 23〉 간식별 코드 예시

총 당 함량 0

감자칩   치토스
곤약   볶음라면
초콜릿   국물라면
음료수   아이스크림
초코과자   초코파이

〈그림 24〉 화면 구성 예시

건강 신호등 5~8차시	간식 건강 신호등 만들기	학년 반 이름:

■ 배운 내용을 정리해 봅시다.

① 새로운 항목을 만들기 위해 ( )를 만들어 준다.

② 오브젝트는 캐릭터 외에도 ( ), ( ) 등 다양하며
   모양도 바꿀 수 있다.

③ 조건을 수행하기 위해서는 ( ) 블록을 사용하고
   계속 반복하기 위해 ( ) 블록을 사용해야 한다.

■ 한 주 동안 간식 건강 신호등을 활용해보고 결과를 칠해 봅시다.

| 1일차 | 2일차 | 3일차 | 4일차 | 5일차 |

■ 간식 건강 신호등을 활용해본 소감과 앞으로의 식습관 다짐을 적어 봅시다.

평가영역	평가항목	잘함	보통	미흡
인지적 영역	간식 건강 신호등을 올바르게 프로그래밍하였는가?			
	결과에 따라 개인의 개선 방안을 적절히 탐색하였는가?			

또 어떤 기능을 추가하면 좋을지 적어 봅시다.

💡 이런 활동도 할 수 있어요

1. 주제를 바꾸어 다양한 활동으로 진행할 수 있습니다. 간단한 변수 설정 만으로도 적용할 수 있는 주제가 매우 다양하며 학생들의 컴퓨팅 사고 를 익히는 데에 효과적인 수업이 될 수 있습니다.

2. 변수를 활용하는 간단한 활동을 진행한 뒤 건강 신호등을 프로그래밍 하는 과정은 학생들이 직접 탐색해 보도록 진행할 수 있습니다. 단, 학 생들의 개인차가 있을 수 있으므로 단계별 힌트를 준비해 두면 좋겠습 니다.

〈그림 25~28〉 수업 장면

Q&A

 관련 영상은 어떤 것을 활용하면 좋을까요?

 제 학급에 직접 수업을 적용해 볼 때에는 수업 의도에 적절한 영상과 사진 자료들을 모두 저장해서 활용하였습니다. 하지만 책에는 사진 자료나 영상의 링크 등을 첨부하기에 저작권 등으로 어려움이 있습니다. 책에 첨부된 PPT에 어떠한 유형의 자료인지 간단히 설명되어 있으니 활용해 보시면 좋겠습니다.^^

간식을 거의 먹지 않는 학생이면 어떡하나요?

 간식을 거의 먹지 않아도 활동에는 문제가 없습니다. 수업의 의도는 균형 잡힌 식사를 위해 권장량에 대한 영양성분의 비율을 아는 것이고, 보다 효과적인 학습을 위해 그래프와 프로그래밍을 활용하는 것이기 때문입니다. 간식을 거의 먹지 않아 신호등이 모두 초록불이라면 오히려 학생들에게 긍정적인 사례로 좋을 것 같습니다.^^

 1일 섭취 권장량은 어디 출처인가요?

 WHO가 출처입니다. WHO에서는 하루 기초대사량의 10%를 당 1일 섭취 권장량으로 합니다.

4부

AI 활용교육 프로젝트

QR코드를 통해 교수·학습 자료를 다운로드하세요!

AI 활용교육은 여러 가지 AI 툴을 교수 학습 상황에서 교구로 활용하는 교육을 의미합니다. 학생들은 AI 도구를 활용하여 학습 과제를 해결하며, 이 과정에서 학습 보조자로서의 AI 기능을 이해할 수 있습니다. 각기 다른 실생활 문제들로 구성된 10개의 프로젝트는 현장에서 가장 활용도가 높은 AI 툴들을 활용해 이미지, 동영상, 음악 등 다양한 창작물들을 학생들이 직접 만들어 낼 수 있도록 구상하였습니다.

🔍 지구야 사랑해

대상 학년	2학년
대상 과목	창의적 체험활동
핵심 성취 기준	[2바03-04] 공동체 속에서 지속가능성을 위한 삶의 방식을 찾아 실천한다. [2슬03-04] 우리의 생활과 관련된 지속가능성의 다양한 사례를 찾고 탐색한다.
활용 AI 플랫폼	뤼튼(Wrtn)

차시별 흐름		
차시	주제	활동
1~2	우리 재활용 제대로 하고 있는 걸까?	① 분리수거하기 ② 인공지능 분리수거하기 ③ 소감 나누기
3~4	이건 왜 이렇게 재활용하기 어렵지?	① 재활용이 쉬운 디자인 살펴보기 ② 재활용이 쉬운 디자인 특징 알아보기 ③ 재활용이 쉬운 디자인 그리기
7~9	페트병에게 다시 한 번 더 기회를	① 업사이클링 디자인 살펴보기 ② 식물 특징 찾아보기 ③ 페트병 라벨 그리기 ④ 특징이 드러나는 이름 짓기

해당 프로젝트는 초등학생들을 대상으로 환경 보호와 재활용의 중요성을 교육하는 체험형 프로젝트입니다. '지구야 사랑해'라는 주제로 진행되는 이 프로젝트는 일상 속에서 실천할 수 있는 재활용과 업사이클링 방법을 배우고, 실습을 통해 학생들이 환경 보호에 대한 관심과 실천 의지를 높이는 것을 목표로 합니다. 또한 다양한 활동을 통해 학생들은 환경 문제를 이해하고, 자신만의 해결 방안을 생각해 보는 시간을 가질 수 있는 기회를 제공할 수 있습니다. 해당 프로젝트가 끝난 뒤 학생들은 일상에서 재활용을 실천함으로써 재활용의 중요성을 인식할 수 있으며, 재활용이 어려운 제품과 쉬운 제품을 비교하고, 창의적인 업사이클링 방법을 탐구하여 재활용의 다양한 가능성을 이해할 수 있습니다. 마지막으로 재활용과 업사이클링을 직접 경험한 학생들은 환경 보호를 위한 실천적 태도를 형성하고, 자신의 생활 속에서 이를 적용하는 실질적 생태 시민으로서 성장할 수 있게 됩니다.

해당 프로젝트에서는 뤼튼을 사용합니다. 뤼튼의 청소년 보호 정책을 살펴보면 다음과 같습니다.

청소년 보호 정책

뤼튼 청소년 보호 정책

뤼튼테크놀로지스("회사" 또는 "뤼튼"이라 함)는 청소년이 건전한 인격체로 성장할 수 있도록 하기 위하여 청소년 보호 정책을 수립하고 관련 기술 개발 및 실행하고 있습니다.

뤼튼은 만 14세 미만의 사용자에게 보호자의 동의 하에 서비스를 제공 하고 있습니다.
만약 귀하께서 14세 미만 청소년의 보호자이신 경우, 당사 서비스 이용 약관 및 개인정보 보호 정책을 참고하시어 어린이가 뤼튼 서비스를 이용하도록 허용하기 위하여 필요한 정보를 확인해주시기 바랍니다. 그 외 최소 연령 미만 사용자의 이용 관련 추가적인 보유 기술 현황 및 정책 등이 궁금하시다면, 뤼튼 담당 부서(support@wrtn.io)로 연락 해 주십시오.
회사는 본 청소년 보호정책을 통하여 회사가 청소년보호를 위해 어떠한 조치를 취하고 있는지 아래와 같이 알려 드립니다.

〈그림 29〉 뤼튼 청소년 보호 정책

따라서 해당 수업을 위해 선생님들께서는 '생성형 AI 활용 안내 수업 활용을 위한 학부모 동의서'를 받는 것을 추천드립니다.

가정통신문

생성형 AI 사용 연령 제한 및 유의 사항

가정의 평안을 기원합니다.

최근 ChatGPT, Bard, Wrtn 등 생성형 AI와 같은 인공지능 기술이 발달하면서 사회, 경제, 교육 전반적으로 많은 영향을 미치고 있습니다. 생성형 AI 기술은 앞으로 무한한 가능성을 지니고 있으며 새로운 시대를 위한 기술이 될 수 있지만, 18세 미만의 학생들이 이를 사용하는 데에는 윤리적 취약성 및 연령 제한 문제가 있습니다.

이에 생성형 AI 사용에 대한 연령 제한과 유의 사항을 안내합니다. 학생들이 미래의 인재로 거듭나 성장하고 앞으로의 인공지능 기술을 안전하게 사용할 수 있도록 다음의 유의 사항을 잘 지켜주시기를 바랍니다.

■ 생성형 AI 연령 제한 안내

ChatGPT를 비롯한 생성형 AI 서비스 약관에 따르면 개인정보 보호와 관련된 문제 등으로 인해 18세 이상 이용이 가능합니다. 생성형 AI 사용에 앞서 이용약관을 꼭 확인 후 사용 바랍니다.

챗지피티(ChatGPT)	바드(Bard)
-만 13세 미만: ChatGPT 사용 제한 -만 13세 이상~18세 미만: 부모 혹은 법적 보호자의 동의 하에 사용 가능 -만 18세 이상: 회원 가입 및 사용 가능	-만 14세 이상 이용 가능
하이퍼클로바 X	뤼튼(Wrtn), 아숙업(ASKUP)
-만 19세 이상 사용 가능 -개인 아이디만 가입 가능하며 단체 아이디 가입 불가	-14세 이상 사용 가능 -14세 미만은 부모나 법적 보호자의 동의 필요

※ 2024년 5월 기준. 각 생성형 AI 이용약관에 따라 이용 가능 연령이 변경될 수 있습니다.

■ 학생들의 생성형 AI 사용 시 유의 사항

학생들이 ChatGPT와 같은 생성형 AI를 사용할 시에는 아래와 같은 문제점이 발생할 수 있으므로 가정에서도 이를 숙지하시고 학생들의 사용에 유의하시기 바랍니다.

▶ 개인정보 노출 가능성
→ 생성형 AI와 대화할 때, 학생들이 가족이나 학교 등의 개인정보를 노출할 수 있습니다. 생성형 AI는 인터넷상에서 불특정 다수와 정보를 공유할 수 있는 기술이므로 사용에 주의가 필요합니다.

▶ 부적절한 대답 가능성
→ 생성형 AI를 사용하면서 학생들이 부적절한 언어를 사용할 수 있습니다. 생성형 AI는 어떤 질문이든 그에 대한 대답을 제공하기 때문에, 부적절한 언어나 내용을 입력한다면 그에 대한 대답도 부적절할 수 있습니다.

▶ 편향성 및 인지 수준 차이 발생
→ 어린이들은 아직 미성숙한 인지 발달로 인해 세상의 다양한 개념과 상황을 이해하는 데에 어려움을 겪을 수 있습니다. 이에 따라 ChatGPT와 같은 생성형 AI의 대답이 어린이들의 인지 수준과 맞지 않을 수 있습니다.

▶ 정보의 신뢰성 문제
→ 생성형 AI는 사전에 학습한 방대한 데이터를 바탕으로 확률적으로 높은 대답을 내놓기 때문에 입력된 정보가 사실과 다를 수 있습니다. 따라서 학생들이 이를 이용해 정보를 얻을 때는 신뢰성을 검증할 수 있는 다른 방법과 함께 사용해야 합니다.

▶ 의존성 문제
→ 생성형 AI는 접근성이 쉽고, 사용하면 할수록 더욱 정교한 대답을 제공하기 때문에 의존성과 중독성이 생길 수 있습니다. 학생들이 적절한 시간 동안 용도에 맞게 사용할 수 있도록 충분한 지도와 연습이 필요합니다.

2025년 0월 00일

00초등학교장

가정통신문

생성형 AI 수업 활용을 위한 학부모 동의서

「생성형 AI」은 대화형 인터페이스를 사용하여 사용자와 정보를 주고받는 인공지능 기반 프로그램으로 ChatGPT, Bard, 하이퍼클로바 X, 뤼튼(Wrtn) 등이 있습니다. 이러한 서비스는 기본적으로 18세 이상부터 이용할 수 있으나, 법적 보호자 동의가 있는 경우 13세 이상 18세 미만 사용자도 사용할 수 있습니다. 따라서 정보통신망법「개인정보보호법」제15조, 제1항 제1호, 제22조 6항에 따라 수집하는 개인정보, 목적을 확인하고 「위치정보법」제24조, 제25조에 따른 위치정보 전송을 확인한 뒤 「생성형 AI」 활용 교육활동에 대한 동의를 얻고자 합니다.

■ 생성형 AI 연령 제한 안내

ChatGPT를 비롯한 생성형 AI 서비스 약관에 따르면 개인정보 보호와 관련된 문제 등으로 인해 18세 이상 이용이 가능합니다. 생성형 AI 사용에 앞서 이용약관을 꼭 확인 후 사용 바랍니다.

챗지피티(ChatGPT)	바드(Bard)
-만 13세 미만: ChatGPT 사용 제한 -만 13세 이상~18세 미만: 부모 혹은 법적 보호자의 동의 하에 사용 가능 -만 18세 이상: 회원 가입 및 사용 가능	-만 14세 이상 이용 가능
하이퍼클로바 X	**뤼튼(Wrtn), 아숙업(ASKUP)**
-만 19세 이상 사용 가능 -개인 아이디만 가입 가능하며 단체 아이디 가입 불가	-14세 이상 사용 가능 -14세 미만은 부모나 법적 보호자의 동의 필요

※ 2024년 5월 기준. 각 생성형 AI 이용약관에 따라 이용 가능 연령이 변경될 수 있습니다.

개인정보 수집·이용·제공에 관한 동의서

업무명	개인정보 수집·이용 동의		
생성형 AI 활용 교육	1. 수집 이용 목적 　-「생성형 AI」 서비스 제공 및 관리·유지, 활용 교육실시, 개선 및 분석, 연구 수행, 프로그램 　-「생성형 AI」 서비스 개발, 범죄 활동 또는 오용 방지, 보안 강화 등 2. 수집 항목 　-로그인 시 사용하는 계정 정보(성명, 소속, 학년, 전화번호 등) 　-「생성형 AI」 사용 시 입력하는 내용과 업로드 파일 등 　-로그 및 사용 데이터, 장치 정보, 쿠키 등 3. 개인정보 보유 및 이용 기한 　-2024학년도 교육과정 종료 이후 즉시 파기 4. 개인정보 수집이나 「생성형 AI」 활용 교육에 동의하지 않을 시 「생성형 AI」을 활용한 교육활동에 참여할 수 없습니다.		
	개인정보 수집·이용 및 「생성형 AI」 활용 교육 동의	☐ 예	☐ 아니요
자녀	이름		(서명)
	학교명/학년/반	00초등학교　　학년　　반	
보호자	보호자(법적대리인) 성명(필수)		(서명)
	신청인과의 관계(필수)		

2025년　0월　00일

00 초 등 학 교 장

〈그림 30〉 생성형 AI 사용 연령 제한 및 유의 사항

1~2차시

배움단계 (시량)	교수·학습활동	자료(자) 및 유의점(유)

배움열기
(7')
	⚙️ **동기 유발 및 전시학습상기**
	• 영상 시청하기
	
	⚙️ **배움 목표**
	• 배움 목표 알아보기
	  우리 재활용 제대로 하고 있는 걸까?
	
	⚙️ **배움 순서**
	• 배움 순서 알아보기
	  배움 1. 분리수거하기
	  배움 2. 인공지능 분리수거하기
	  배움 3. 소감 나누기
		(자) 영상

배움활동 (70')	⚙️ **배움 1. 분리수거하기** ① 분리수거 경험 나누기 • 가정에서 분리수거 경험 • 교실에서 분리수거 경험 • 분리수거를 하면서 어려웠던 점 • 분리수거 후 어떻게 수거하는지 관찰한 내용 ② 분리수거는 왜 해야 하는 걸까? ③ 스스로의 방법으로 분리수거하기 • 분리수거 규칙 정하기[분류하기] • 분리수거 규칙을 그림으로 표현하기 • 규칙에 따라 분리수거하기[피지컬]	(자) PPT, 활 동지, 스마트 기기

	⚙️ 배움 2. 인공지능 분리수거하기 ① 인공지능 분리수거 원칙 정하기[프롬프트의 중요성] • 뤼튼 검색 항목별 결과 차이 보기 • 프롬프트에 따라 결과 차이 알아보기 ② 인공지능 분리수거 원칙에 따라 분리수거하기[AI검색] • 분류하기 • 세부적으로 분류하기 • 직접 분리수거하기 ⚙️ 배움 3. 소감 나누기 ① 소감 나누기 • 분리수거 방법 공유하기 • 정말 사실일까?[할루시네이션] • 어떤 방법이 편리할까?	
배움정리 (3')	⚙️ 배움 활동 정리 • 배운 내용 정리하기	

배움 1에서는 첫째 가정에서 분리수거, 교실에서 분리수거 경험, 분리수거를 하면서 어려웠던 점(냄새, 스티커 등), 분리수거 후 어떻게 수거하는지 관찰한 내용과 같은 화두를 통해 분리수거 경험을 나눕니다. 둘째로 '분리수거는 왜 하는 걸까'와 같이 학습 문제를 제시합니다. 마지막으로 규칙을 정하고, 이러한 규칙을 그림으로 표현하며 실제로 분리수거를 해 보는 경험을 통해 스스로 분리수거를 할 수 있는 경험을 제공합니다. 배움 2에서는 인공지능을 이용해 분리수거의 원칙을 정하는 활동입니다. 배움 2의 진행 순서는 다음과 같습니다.

① 인공지능 분리수거 원칙 정하기[프롬프트의 중요성]

• 뤼튼 검색 항목별 결과 차이 보기

[프롬프트] 분리수거하는 방법 알려 줘

- 프롬프트에 따라 결과 차이 알아보기

분리수거하는 방법 알려 줘

> **재활용품 종류별 배출 방법**
> - **플라스틱**: 투명(반투명) 비닐봉투에 담아 배출합니다. 내용물을 비우고 헹군 후 말린 상태로 배출해야 합니다 3 .
> - **종이류**: 종이팩(살균팩, 멸균팩 포함)은 내용물을 비우고 물로 헹군 후 말린 상태로 배출합니다 3 .
> - **유리**: 유리병은 내용물을 비우고 헹군 후, 깨지지 않도록 주의하여 배출합니다.

초등학생이 이해하기 쉽게 분리수거하는 방법 알려 줘

> 초등학생이 이해하기 쉽게 분리수거 하는 방법을 설명해줄게!
> 1. **종이류**: 신문, 잡지, 종이상자 등은 종이류로 분리해요. 종이는 깨끗하고 마른 상태여야 해요. 음식물이 묻어 있으면 안 돼요!
> 2. **플라스틱류**: 음료수 병, 플라스틱 용기 등은 플라스틱류로 분리해요. 플라스틱은 깨끗이 씻어서 말린 후 버려야 해요. 뚜껑도 따로 분리해 주세요.
> 3. **유리병**: 유리병은 깨지지 않게 조심해서 분리해요. 유리병은 색깔에 따라 나누기도 해요. 예를 들어, 투명한 유리병, 갈색 유리병, 초록색 유리병으로 나눌 수 있어요.

② 인공지능 분리수거 원칙에 따라 분리수거하기[AI검색]

- 분류하기

- 세부적으로 분류하기

페트병 분리수거하는 법 초등학생이 이해하기 쉽게 알려 줘

> **페트병 분리수거하는 법**
> 1. **페트병 준비하기:**
>   - 페트병은 음료수나 물이 담겨 있던 플라스틱 병이에요. 먼저, 병 안에 남아 있는 내용물을 비워주세요.
> 2. **병 헹구기:**
>   - 병 안에 물이 남아 있지 않도록 헹궈주세요. 물로 한번 씻어주면 더 깨끗해져요.
> 3. **라벨 떼기:**
>   - 페트병에 붙어 있는 라벨(종이 스티커)을 떼어주세요. 라벨이 붙어 있으면 재활용하기 어려울 수 있어요.

〈그림 31~36〉 프롬프트에 대한 뤼튼의 대답

• 직접 분리수거하기

마지막으로 배움 3은 인공지능이 제공한 정보와 직접 정한 분리수거 규칙의 차이점을 알아본 후 느낀 점을 이야기해 보는 활동을 통해 효율적인 분리수거 방법을 정리합니다.

3~4차시

배움단계 (시량)	교수·학습활동	자료(자) 및 유의점(유)
배움열기 (7')	⚙️ **동기 유발 및 전시학습 상기** • 영상 시청하기 ⚙️ **배움 목표** • 배움 목표 알아보기 이건 왜 이렇게 재활용하기 어렵지? ⚙️ **배움 순서** • 배움 순서 알아보기 배움 1. 재활용이 쉬운 디자인 살펴보기 배움 2. 재활용이 쉬운 디자인 특징 알아보기 배움 3. 재활용이 쉬운 디자인 그리기	(자) 영상
배움활동 (60')	⚙️ **배움 1. 재활용이 쉬운 디자인 살펴보기** ① 다양한 물건 살펴보기 • 물건 살펴보기 • 어떤 재료로 만들어져 있는지 관찰하기 • 재활용이 쉬운/어려운 물건 분류하기 ② 재활용의 과정을 생각하며, 물건 살펴보기 • 재활용 과정 알아보기 • 재활용 마크 알아보기 ⚙️ **배움 2. 재활용이 쉬운 디자인 특징 알아보기** ① 왜 재활용하기 어려울까? • 감자칩 통을 보여 주며, 재활용하는 방법 이야기 나누기 • 감자칩 통을 분리하기	(자) PPT, 활동지, 스마트기기

	② 재활용하기 쉬우려면 어떻게 디자인해야 할까?	
	• 쉬운 재활용의 특징 알아보기	
	⚙ **배움 3. 재활용이 쉬운 디자인 그리기**	
	① 재활용이 쉬운 감자칩 통 디자인하기	
	• 재활용하기 쉬운 특징을 넣어 감자칩 통 그려 보기	
	② 인공지능으로 감자칩 통 생성하기	
	• 뤼튼-AI 이미지 프롬프트 생각하기	
	• 이미지 생성하기, 다시 생성하기	
	③ 생성한 이미지를 참고하여 수정하기	
	• 감자칩 통에 반영할 점 찾기	
	• 감자칩 통 수정하기	
배움정리 **(3')**	⚙ **배움 활동 정리** • 배운 내용 정리하기	

배움 1에서는 재활용이 쉬운 디자인을 살펴봅니다.

① 다양한 물건 살펴보기

• 물건 살펴보기

 - 교실에 다양한 물건을 준비

쉬운 재활용 물건	종이컵, 유리병, 알루미늄 캔
어려운 재활용 물건	칫솔(플라스틱 손잡이와 고무), 혼합 재료로 된 과자 봉지 (플라스틱+알루미늄)

• 어떤 재료로 만들어져 있는지 관찰하기

 - 자유롭게 관찰하기

- 같은 재료끼리 묶어 보기

> 교사의 발문 : "어떤 재료로 만들어졌을까요? 만져 보고, 어떤 느낌이 드는지, 그리고 무슨 재료로 만들어졌을지 생각해 보세요."

- 재활용이 쉬운/어려운 물건 분류하기
  - 재활용이 쉬운 물건 나누기
  - 재활용이 어려운 물건 나누기

> 교사의 발문 : "지금까지 본 물건들 중에서 어떤 것들이 재활용이 가장 쉬워 보이나요? 그리고 어떤 것들이 재활용이 어려울 것 같나요?"

② 재활용의 과정을 생각하며, 물건 살펴보기
- 재활용 과정 알아보기
  - 동영상 시청하기 [KORA] 페트병의 재활용과정
  - 재활용을 하려면 과정이 필요한지, 왜 재활용이 어려운지 이야기 나누기
- 재활용 마크 알아보기
  - 물건 속 재활용 마크 찾아보기
  - 재활용 마크 의미 알아보기

> 교사의 발문 : "마크가 있는 물건과 없는 물건 중에서, 어떤 것이 재활용하기 더 쉬울 것 같나요?"

배움 2에서는 재활용이 쉬운 디자인을 살펴본 경험을 바탕으로 재활용이 쉬운 디자인의 특징에 대해 알아봅니다.

① 왜 재활용하기 어려울까?

• 감자칩 통을 보여 주며, 재활용하는 방법 이야기 나누기

 - 감자칩 통 살펴보기

 - 재활용하는 방법 이야기 나누기

• 감자칩 통을 분리하기

뚜껑	바닥	몸통
플라스틱	금속	폴리에틸렌, 종이

② 재활용하기 쉬우려면 어떻게 디자인해야 할까?

> 교사의 발문 : "뚜껑, 몸통, 바닥의 재질이 모두 다른데, 왜 이렇게 만들어졌을까요?"
> "재활용이 쉬운 물건으로 만들기 위해서는 어떤 재질을 사용하는 것이
> 좋을까요?"

• 쉬운 재활용의 특징 알아보기

배움 3에서는 직접 재활용이 쉬운 디자인을 그려 봅니다.

① 재활용이 쉬운 감자칩 통 디자인하기

• 재활용하기 쉬운 특징을 넣어 감자칩 통 그려 보기

> 교사의 발문 : "재활용의 어려움을 해결하기 위해, 감자칩 통을 어떻게 디자인하면
> 좋을까요?"
> "어떤 재료를 사용하고 싶나요? 왜 그 재료가 재활용하기 쉽다고 생각
> 하나요?"
> "실제로 사용한다면 어떤 장점이 있을까요? 그리고 어떤 단점이 있을
> 까요?"

② 인공지능으로 감자칩 통 생성하기

• 뤼튼-AI 이미지 프롬프트 생각하기

"하나의 재료로 만든 감자칩 통 만들어 줘."
"유리로 만든 감자칩 통 만들어 줘."

• 이미지 생성하기

③ 생성한 이미지를 참고하여 수정하기

• 감자칩 통에 반영할 점 찾기

"생성된 감자칩 통을 보니 어떤 점이 마음에 들고, 어떤 점을 수정하고 싶나요?"

• 감자칩 통 수정하기

"수정한 디자인이 처음 생각한 것보다 어떻게 더 나아졌나요?"

배움단계 (시량)	교수 · 학습활동	자료(자) 및 유의점(유)

배움열기
(7')
	⚙️ **동기 유발 및 전시학습 상기**
	
	• 영상 시청하기
	
	⚙️ **배움 목표**
	
	• 배움 목표 알아보기
	  페트병에게 다시 한 번 더 기회를
	
	⚙️ **배움 순서**
	
	• 배움 순서 알아보기
	  배움 1. 업사이클링 디자인 살펴보기
	  배움 2. 식물 특징 찾아보기
	  배움 3. 페트병 라벨 그리기
	  배움 4. 특징이 드러나는 이름 짓기
		(자) 영상

배움활동 (60')	⚙️ **배움 1. 업사이클링 디자인 살펴보기** ① 리사이클 디자인 살펴보기 • 리사이클 디자인 알아보기 • 리사이클한 물건 찾아보기 ② 리사이클 중요성 • 리사이클의 중요성 알아보기 ⚙️ **배움 2. 식물 특징 찾아보기** ① 내가 키우려는 식물 특징 찾아보기 • 키우고 싶은 식물 정하기 • 식물의 생김새 찾아보기 ② 식물이 잘 자라기 위한 환경 조사하기 • 식물이 좋아하는 환경	(자) PPT, 활 동지, 스마트 기기

	• 식물이 싫어하는 환경	
	⚙️ **배움 3. 페트병 라벨 그리기**	
	① 식물의 특징을 반영한 페트병 화분 디자인하기	
	• 식물의 특징을 넣어 페트병 화분 그려 보기	
	② 인공지능으로 페트병 화분 디자인 생성하기	
	• 뤼튼-AI 이미지 프롬프트 생각하기	
	• 이미지 생성하기, 다시 생성하기	
	③ 생성한 이미지를 참고하여 수정하기	
	• 나의 페트병 화분에 반영할 점 찾기	
	• 페트병 화분 그려 보기	
	⚙️ **배움 4. 특징이 드러나는 이름 짓기**	
	① 화분 이름 짓기	
	• 특징이 드러나게 이름/애칭 정하기	
	② 이름 생성하기(뤼튼)	
	③ 생성한 이름을 참고하여 어울리는 이름으로 수정하기	
배움정리 **(3')**	⚙️ **배움 활동 정리** • 배운 내용 정리하기	

해당 차시에서는 첫 번째 배움으로 업사이클링으로 만들어진 제품을 살펴봅니다.

① 리사이클 디자인 살펴보기

• 리사이클 디자인 알아보기

• 리사이클한 물건 찾아보기

종이 면도기, 톱밥을 재활용한 의자, 폐타이어를 활용한 신발, 화장품 공병을 활용한 테라조 타일, 페트병 화분

• 리사이클의 중요성 알아보기

교사의 발문 : "우리가 매일 사용하는 물건들 중에서 한 번 쓰고 그냥 버리는 것들이
많죠? 만약 그 물건들을 다시 사용할 수 있다면, 어떤 점이 좋을까요?"
"만약 우리가 재활용을 하지 않는다면, 지구에는 어떤 변화가 생길까요?"

두 번째로 식물의 특징을 알아봅니다. 해당 배움을 바탕으로 추후 활동
으로 연결된 페트병 화분 디자인에 필요한 요소들을 알 수 있습니다.

① 내가 키우려는 식물 특징 찾아보기

• 키우고 싶은 식물 정하기

• 식물의 생김새 찾아보기

교사의 발문 : "어떤 식물을 키우고 싶은가요? 그리고 어떤 색깔과 모양을 하고 있는
지 조사해 봅시다."
"꽃은 어떤 생김새를 가지고 있나요? 잎의 모양은 어떤가요?"

② 식물이 잘 자라기 위한 환경 조사하기

• 식물이 좋아하는 환경

• 식물이 싫어하는 환경

"식물이 잘 자라기 위해 필요한 환경도 조사해 봅시다."
"햇빛을 좋아하는지, 물을 많이 줘야 하는지 조사해 봅시다."

세 번째 배움으로 페트병 업사이클링을 통해 화분을 제작합니다.

① 식물의 특징을 반영한 페트병 화분 디자인하기

• 식물의 특징을 넣어 페트병 화분 그려 보기

② 인공지능으로 페트병 화분 디자인 생성하기

• 뤼튼-AI 이미지 프롬프트 생각하기

"식물이 잘 자랄 수 있게 어둡게 그림 그려 주세요."
"상추 캐릭터가 들어가고, 상추는 햇빛을 좋아해. 그리고 삼겹살도 상추랑 잘 어울려.
쌈장도 좋아해. 맛있어 보이게 그림 그려 줘."

• 이미지 생성하기, 다시 생성하기

〈그림 37〉 뤼튼의 생성 이미지   〈그림 38〉 뤼튼의 생성 이미지

③ 생성한 이미지를 참고하여 수정하기

• 나의 페트병 화분에 반영할 점 찾기
• 페트병 화분 그려 보기

마지막 배움으로 제작한 페트병의 특징이 잘 드러나도록 이름 짓기 활
동을 하며 차시를 마무리합니다.

① 화분 이름 짓기

• 특징이 드러나게 이름/애칭 정하기

② 이름 생성하기(뤼튼)

"강낭콩 화분을 키우고 있어. 이름을 추천해 줘."

③ 생성한 이름을 참고하여 어울리는 이름으로 수정하기

평가영역	평가 항목		잘함	보통	미흡
인지적 영역	중요성	분리수거의 중요성과 목적을 이해할 수 있다.			
	창의성	분리수거 규칙을 창의적으로 떠올릴 수 있다.			

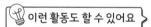 이런 활동도 할 수 있어요

1. 재활용의 중요성과 방법이 담겨 있는 이야기 만들기

① 이야기 만들기

- 릴레이 이어쓰기

〈그림 39〉 릴레이 이어쓰기　　　　〈그림 40〉 릴레이 이어쓰기

② 생성형 인공지능을 활용하여 자연스럽게 고치기

[초안]

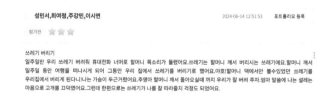

성민서,최여정,주강민,이시연　　　　　　2024-06-14 12:51:53　　포트폴리오 등록

평가전 ☆ ☆ ☆

쓰레기 버리기
일주일만 우리 쓰레기 버려줘 휴대전화 너머로 할머니 목소리가 들렸어요.쓰레기는 할머니 깨서 버리시는 쓰레기에요.할머니 깨서 일주일 동안 여행을 떠나시게 되어 그동안 우리 집에서 쓰레기를 버리기로 했어요.아호!할머니 댁에서만 볼수있었던 쓰레기를 우리집에서 버리게 된다니.나는 가슴이 두근거렸어요.주영아 할머니 깨서 돌아오실때 까지 우리가 잘 버려 주자.엄마 말씀에 나는 설레는 마음으로 고개를 끄덕였어요.그런데 한편으로는 쓰레기가 나를 잘 따라줄지 걱정도 되었어요.

〈그림 41〉 초안

[맞춤법 수정]

> [프롬프트] 맞춤법 수정해 줘.

일주일만 우리 쓰레기 버려 줘. 휴대전화 너머로 할머니 목소리가 들렸어요. 쓰레기는 할머니께서 버리시는 쓰레기예요. 할머니께서 일주일 동안 여행을 떠나시게 되어 그동안 우리 집에서 쓰레기를 버리기로 했어요. 야호! 할머니 댁에서만 볼 수 있었던 쓰레기를 우리 집에서 버리게 된다니! 나는 가슴이 두근거렸어요. "주영아, 할머니께서 돌아오실 때까지 우리가 잘 버려 주자." 엄마 말씀에 나는 설레는 마음으로 고개를 끄덕였어요. 그런데 한편으로는 쓰레기가 나를 잘 따라 줄지 걱정도 되었어요.

[문체 수정]

> [프롬프트] 부드러운 말투로 바꿔 줘.

"일주일만 우리 쓰레기 좀 버려 줄래?" 휴대전화 너머로 할머니의 따뜻한 목소리가 들려왔어요. 그 쓰레기는 할머니께서 버리시는 쓰레기예요. 할머니께서 일주일 동안 여행을 가시게 되어, 그동안 우리 집에서 쓰레기를 버리기로 했답니다. 야호! 할머니 댁에서만 볼 수 있었던 쓰레기를 우리 집에서 버리게 된다니, 너무 신나고 두근거렸어요. "주영아, 할머니께서 돌아오실 때까지 우리가 잘 버려 주자." 엄마의 말씀에 나는 설레는 마음으로 고개를 끄덕였어요. 그런데 한편으로는 쓰레기가 나를 잘 따라 줄 수 있을지 조금 걱정도 되었답니다.

[인물/사건/배경 수정]

> [프롬프트] 쓰레기를 페트병으로 바꿔 줘.

"일주일만 우리 페트병 좀 버려 줄래?" 휴대전화 너머로 할머니의 따뜻한 목소리가 들려왔어요. 그 페트병은 할머니께서 버리시는 페트병이에요. 할머니께서 일주일 동안 여행을 가시게 되어, 그동안 우리 집에서 페트병을 버리기로 했답니다. 야호! 할머니 댁에서만 볼 수 있었던 페트병을 우리 집에서 버리게 된다니, 너무 신나고 두근거렸어요. "주영아, 할머니께서 돌아오실 때까지 우리가 잘 버려 주자." 엄마의 말씀에 나는 설레는 마음으로 고개를 끄덕였어요. 그런데 한편으로는 페트병이 나를 잘 따라 줄 수 있을지 조금 걱정도 되었답니다.

• 수업 장면 •

〈그림 42~43〉 수업 장면

🔍 | 인공지능과 함께하는 한 학기 한 권 책 읽기

대상 학년 2학년

대상 과목 국어

핵심 성취 기준 [2국02-03] 글을 읽고 중심 내용을 확인한다.

[2국03-02] 쓰기에 흥미를 자신의 생각이나 느낌을 문장으로 표현한다.

[2국05-03] 작품 속 인물의 모습, 행동, 마음을 상상하여 시, 노래, 이야기, 그림 등으로 표현한다.

활용 AI 플랫폼 뤼튼(Wrtn)

차시별 흐름		
차시		주제
1~2	[읽기 전] 상상 더하기	① 그림책 살펴보기 ② 제목을 보고 이야기 상상하기 ③ 그림을 보고 이야기 상상하기
3~4	[읽기 중] 같은 책, 다른 내용	① 그림책 읽기 ② 질문 만들기 ③ 줄거리 간추려 보기
5~6	[읽기 후] 들리는 그림책	① 그림책 듣기 ② 그림책 표현하기 ③ 그림책 느껴 보기

본 프로젝트는 인공지능과 함께하는 한 학기 한 권 책 읽기입니다. 이 프로젝트에서는 그림책을 활용한 독서 전, 중, 후 활동을 인공지능과 함께할 수 있습니다. 해당 프로젝트는 '책 먹는 여우'와 같은 그림책뿐만 아니라 다양한 책에도 적용 가능한 독서 활동을 통해, 학생들이 인공지능과 소통하며 학습할 수 있도록 설계되었습니다. 학생들은 독서 활동 전, 중, 후를 통해 인공지능을 활용해 보고, AI가 우리의 삶에 도움을 줄 수 있음을 이해하면서도, 인공지능이 생성한 정보는 비판적으로 검토해야 한다는 인식을 갖게 하는 데 그 목적이 있습니다.

이 프로젝트를 통해 인공지능 활용의 긍정적 측면을 강조하여 학생들이 인공지능이 제공하는 다양한 정보와 학습 기회를 통해 더 풍부한 독서 경험을 할 수 있도록 돕습니다. 또한 비판적 사고를 함양해 인공지능의 한계, 특히 할루시네이션(잘못된 정보 생성) 사례를 통해, 학생들이 AI의 정보를 맹신하지 않고, 신중히 검토하는 태도를 기르도록 합니다. 마지막으로 독서 활동의 연계성을 강화하여 독서 전, 중, 후의 단계별 활동을 통해 학생들이 책과 AI를 매개로 더 깊이 있는 이해와 토론을 할 수 있도록 합니다.

1~2차시

배움단계 (시량)	교수·학습활동	자료(자) 및 유의점(유)
배움열기 (7')	⚙️ **동기 유발 및 전시학습 상기** • 영상 시청하기 ⚙️ **배움 목표** • 배움 목표 알아보기 [읽기 전] 상상 더하기 ⚙️ **배움 순서** • 배움 순서 알아보기 배움 1. 그림책 살펴보기 배움 2. 제목을 보고 이야기 상상하기 배움 3. 그림을 보고 이야기 상상하기	(자) 영상
배움활동 (60')	⚙️ **배움 1. 그림책 살펴보기** ① 그림책 표지 보며 이야기 나누기 • 그림 살펴보기 • 제목 살펴보기 ② 자신의 경험을 떠올리면 책 내용 예상해 보기 • 경험 나누기 • 내용 예상하기 ③ 작가 알아보기 • 작가 소개하기 ⚙️ **배움 2. 제목을 보고 이야기 상상하기** ① 프롬프트에 대해 알아보기 • 프롬프트란?	(자) PPT, 활동지, 스마트 기기

4부. AI 활용교육 프로젝트　　141

	② 책 제목으로 이야기 생성하기	
	• '책 먹는 여우'라는 제목을 가지고 이야기 상상하기	
	③ 인공지능(뤼튼)을 이용해서, 이야기 생성하기	
	• 자신만의 프롬프트로 '책 먹는 여우' 이야기 생성하기	
	• 인공지능이 만든 이야기를 읽어 보고, 이야기 나누기	
	④ 프롬프트를 바꿔 이야기 생성하기	
	• '책 먹는 여우' 프롬프트에서 단어나 내용을 바꾸기	
	• 이야기의 변화 발표하기	
	⚙ 배움 3. 그림을 보고 이야기 상상하기	
	① 그림책의 그림을 글로 표현하기	
	• 그림 관찰하기	
	• 글로 표현하기	
	② 그림 내용이 들어간 이야기 생성하기(뤼튼)	
	• 모둠별로 자신의 짧은 글을 모아, 새로운 이야기 생성하기(뤼튼)	
	• 생성된 이야기를 보면 바꿀 점 찾아보기	
배움정리 (3')	⚙ 배움 활동 정리	
	• 배운 내용 정리하기	

　배움 1에서는 그림책을 살펴본 뒤 자신의 경험을 바탕으로 이야기를 나눕니다.

　배움 순서는 다음과 같습니다.

① 그림책 표지 보며 이야기 나누기

• 그림 살펴보기

- 책의 앞, 뒤표지에 있는 그림을 자세히 살펴봅니다. 그림 속 인물, 배

경 등을 관찰하며 서로 질문하고 대화를 나눕니다.

> "이 그림을 보고 어떤 느낌이 들었나요?"
> "그림 속 인물은 어떤 감정을 느끼고 있는 것 같나요?"
> "이 배경은 어디일 것 같아요? 왜 그렇게 생각하나요?"

• 제목 살펴보기

- 책의 제목을 보고 그 의미와 느낌에 대해 이야기를 나눕니다. 제목이 주는 첫인상과 예상되는 이야기를 자유롭게 공유합니다.

> "제목을 보고 맨 처음 어떤 생각이 떠올랐나요?"
> "이 제목이 어떤 이야기를 담고 있을 것 같아요?"
> "제목과 표지가 어떤 관련이 있을까요?"

② 자신의 경험을 떠올리면 책 내용 예상해 보기

• 경험 나누기

- 책의 주제나 배경과 연관된 자신의 경험을 떠올려 보고, 그 경험이 책 속 이야기와 어떻게 연결될지 상상합니다.

배움 2에서는 뤼튼을 통해 이야기를 생성하여 달라진 이야기를 발표해 봅니다.

① 프롬프트에 대해 알아보기

• 프롬프트란?

> 이야기를 만들거나 생각을 시작하는 데 도움이 되는 단서를 의미합니다. 프롬프트는 주어진 몇 마디의 단어, 문장, 또는 질문을 바탕으로 자신만의 이야기를 상상하고 만들어 내는 데 중요한 역할을 합니다.

② 책 제목으로 이야기 생성하기

• '책 먹는 여우'라는 제목을 가지고 이야기 상상하기

"책 먹는 여우가 어떤 이야기를 담고 있을지 상상해 봅시다."
"왜 여우가 책을 먹을까요?"
"책을 먹은 여우에게 어떤 일이 벌어질까요?"
"여우는 어떤 책을 가장 좋아할까요?"

③ 인공지능(뤼튼)을 이용해서, 이야기 생성하기

• 자신만의 프롬프트로 '책 먹는 여우' 이야기 생성하기

• 인공지능이 만든 이야기를 읽어 보고, 이야기 나누기

"인공지능이 만든 이야기는 어떤가요? 여러분이 만든 이야기와 어떻게 다르죠?"
"인공지능의 이야기를 읽으면서 어떤 생각이 들었나요?"
"이야기에서 여러분이 추가하거나 바꾸고 싶은 부분이 있나요?"

④ 프롬프트를 바꿔 이야기 생성하기

• '책 먹는 여우' 프롬프트에서 단어나 내용을 바꾸기

"책 먹는 여우" → "책 만드는 여우"
"책 먹는 여우" → "책 먹는 코끼리"
"책 먹는 여우" → "책 읽는 여우"

• 이야기의 변화 발표하기

"프롬프트를 바꾸면 이야기가 어떻게 달라질까요?"
"새로운 프롬프트로 어떤 이야기를 만들어 볼 수 있을까요?"
"원래 이야기와 새로 만든 이야기 중 어느 쪽이 더 흥미로웠나요? 왜 그렇게 생각하나요?"

마지막 배움 3에서 그림책의 그림을 보고 뤼튼과 함께 이야기를 상상하는 활동을 합니다.

① 그림책의 그림을 글로 표현하기

• 그림 관찰하기

> "그림 속 인물은 어떤 감정을 느끼고 있는 것 같나요?"
> "이 장면이 나타내는 상황은 어떤 것 같아요?"
> "이 장면에서 무슨 일이 일어나고 있을까요?"

• 글로 표현하기

- 그림에서 본 것을 바탕으로 짧은 글 작성하기

> "그림 속 배경은 저녁노을이 지는 하늘 아래, 넓은 들판이에요. 들판에는 꽃들이 가득 피어 있고, 멀리서 무지개가 나타나고 있어요."

② 그림 내용이 들어간 이야기 생성하기(뤼튼)

• 모둠별로 자신의 짧은 글을 모아, 새로운 이야기 생성하기(뤼튼)

> 이 그림에서 여우는 초록 숲속에서 책을 읽고 있어요. 여우의 눈빛은 아주 집중되어 있고, 옆에는 작은 새가 앉아 있어요. 새는 여우가 읽는 책이 어떤 이야기일지 궁금해하며, 여우의 어깨에 살짝 기대고 있어요.
> 그림 속 배경은 저녁노을이 지는 하늘 아래, 넓은 들판이에요. 들판에는 꽃들이 가득 피어 있고, 멀리서 무지개가 나타나고 있어요.
> → 위의 내용이 들어간 이야기 만들어 줘.

• 생성된 이야기를 보면 바꿀 점 찾아보기

3~4차시

배움단계 (시량)	교수 · 학습활동	자료(자) 및 유의점(유)
배움열기 (7')	⚙️ **동기 유발 및 전시학습 상기** • 영상 시청하기 ⚙️ **배움 목표** • 배움 목표 알아보기 [읽기 중] 같은 책, 다른 내용 ⚙️ **배움 순서** • 배움 순서 알아보기 배움 1. 그림책 읽기 배움 2. 질문 만들기 배움 3. 줄거리 간추려 보기	(자) 영상
배움활동 (60')	⚙️ **배움 1. 그림책 읽기** ① 눈으로 읽기(뤼튼) • 책 읽기 • 인공지능(뤼튼) 활용하며 읽기 ② 소리 내어 읽기(말하기/듣기) • 소리 내어 읽기(말하기) • 음성 인식 활용하기(노트 음성 인식) • 인공지능이 인식한 이야기 읽기 ⚙️ **배움 2. 질문 만들기** ① 책 내용을 묻는 질문 만들기 • 질문 만들어 답하며, 의견 나누기 ② 자신의 생각을 묻는 질문 만들기 • 질문 만들기 • 질문 답하며, 의견 나누기	(자) PPT, 활 동지, 스마트 기기

	③ 인공지능(뤼튼)으로 질문 생성하기 • 책의 내용을 넣고, 질문 생성하기 • 질문 풀어 보면서, 수정해 보기 ⚙ 배움 3. 줄거리 간추려 보기 ① 중요한 사건을 생각하며 줄거리 3줄로 간추리기 • 중요한 사건 정하기 • 줄거리 간추리고 발표하기 ② 나와 인공지능의 줄거리 비교하기 • 인공지능을 활용하여 줄거리 3줄 생성하기 • 나와 인공지능 줄거리 비교하기 • 인공지능이 생성한 줄거리 찾아보기	
배움정리 (3')	⚙ 배움 활동 정리 • 배운 내용 정리하기	

배움 1에서는 인공지능을 이용해 이야기를 함께 읽어 봅니다.

① 눈으로 읽기(뤼튼)

• 책 읽기

• 인공지능(뤼튼) 활용하며 읽기

"이 문장에서 '유난히'라는 단어가 무슨 뜻인가요?"
"'온화한 표정'이 무슨 의미일까요?"

② 소리 내어 읽기(말하기/듣기)

• 소리 내어 읽기(말하기)

• 음성 인식 활용하기(삼성 노트 음성인식)

> "이제 소리 내어 책을 읽어 보세요. 읽는 동안 AI가 여러분의 발음을 확인해 줄 거예요."
> "발음이 잘못된 부분이 있다면, AI의 도움을 받아서 고쳐 봅시다."

- 인공지능이 인식한 이야기 읽기

배움 2는 책 내용에 관한 질문을 만들어 묻고 답하고 뤼튼을 이용해 질문을 만들어 봅니다.

① 책 내용을 묻는 질문 만들기(내용 확인)
- 질문 만들기
- 질문 답하며, 의견 나누기

> "여우 아저씨가 책을 마음껏 살 수 없는 이유는?"
> "국립중앙도서관에는 사람이 몇 명 있을까요?"

② 자신의 생각을 묻는 질문 만들기
- 질문 만들기
- 질문 답하며, 의견 나누기

> "여우 아저씨가 책을 읽는 대신 먹는 행동을 한 이유는 뭘까요?"
> "책을 읽는 것 말고, 할 수 있는 것은 무엇이 있을까요?"

③ 인공지능(뤼튼)으로 질문 생성하기
- 책의 내용을 넣고, 질문 생성하기

> [프롬프트] ""책의 본문"이라는 책 내용이 있어. 이 내용을 제대로 이해했는지 확인하는 문제 만들어 줘."

• 질문 풀어 보면서, 수정해 보기

마지막 배움 3에선 이야기에서 중요한 사건을 선택하여 줄거리를 간추리는 활동을 합니다.

① 중요한 사건을 생각하며 줄거리 3줄로 간추리기
• 중요한 사건 정하기

"이야기에서 가장 중요한 사건은 무엇인가요?"

• 줄거리 간추리고 발표하기

② 나와 인공지능의 줄거리 비교하기
• 인공지능을 활용하여 줄거리 3줄 생성하기

""책의 본문"이라는 책 내용이 있어. 이 내용을 3줄로 간추려 줘."

• 나와 인공지능 줄거리 비교하기

"인공지능이 선택한 중요한 사건과 내가 선택한 사건이 같나요?"
"인공지능과 줄거리를 비교했을 때, 어떤 점이 다른가요?"
"인공지능이 놓친 부분이나, 새롭게 발견한 점은 있나요?"

• 인공지능이 생성한 줄거리 찾아보기(간이 튜링 테스트)
  - 짝에게 인공지능이 생성한 줄거리가 어떤 것인지 찾기
• (선택) 인공지능의 말투로 고쳐 쓰기
  - 인공지능이 자주 사용하는 말투로 나의 줄거리 바꿔 보기

5~6차시

배움단계 (시량)	교수 · 학습활동	자료(자) 및 유의점(유)

배움열기
(7')
	⚙️ **동기 유발 및 전시학습 상기**
	
	• 영상 시청하기
	
	⚙️ **배움 목표**
	
	• 배움 목표 알아보기
	  [읽기 후] 들리는 그림책
	
	⚙️ **배움 순서**
	
	• 배움 순서 알아보기
	  배움 1. 그림책 듣기
	  배움 2. 그림책 표현하기
	  배움 3. 그림책 느껴 보기
		(자) 영상

배움활동 (60')	⚙️ **배움 1. 그림책 듣기** ① 배리어 프리에 대해 알아보기 • 배리어 프리 알아보기 • 우리 주변의 배리어 프리 찾아보기 ② 화면 해설에 대해 알아보기 • 화면 해설 알아보기 • 그림책의 한 장면을 소리로 설명해 보기 ⚙️ **배움 2. 그림책 표현하기** ① 그림을 말로 표현하기 ② '장면 해설'을 그림 생성하기(뤼튼) • 장면 해설을 듣고 그림으로 그려 보기 • 친구들과 공유하며 토의하기 • 인공지능(뤼튼)으로 그림 생성하기	(자) PPT, 활 동지, 스마트 기기

	③ 그림책의 그림, 내가 그린 그림, 인공지능 생성그림을 비교하고 이야기 나누기 ⚙ **배움 3. 그림책 느껴 보기** ① 장면 해설이 들어간 그림책 음성 파일 만들기(녹음) ② 그림책 음성 파일 눈 감고 들어 보기	
배움정리 (3')	⚙ **배움 활동 정리** • 배운 내용 정리하기	

배움 1에서는 배리어 프리를 살펴보고, 그림책의 한 장면을 소리로 설명해 봅니다.

① 배리어 프리에 대해 알아보기

• 배리어 프리 알아보기

장애를 가진 사람들도 편리하게 이용할 수 있도록 만든 물건이나 환경

• 우리 주변의 배리어 프리 찾아보기

보행장애물이 없는 무장애 버스 정류소, 보행약자를 위한 등산로, 배리어 프리 영화
[동영상] [KOBAFF] 배리어프리영화위원회 홍보영상

② 화면 해설에 대해 알아보기

• 화면 해설 알아보기

시각장애인을 위해 그림책이나 영화 등의 장면을 소리로 설명하는 것

• 그림책의 한 장면을 소리로 설명해 보기

배움 2에서 그림책의 한 장면을 선택해 말로 표현하는 활동을 합니다.

① 그림을 말로 표현하기

"그림책의 한 장면을 선택해서, 눈을 감고 그 장면을 말로 표현해 봅시다."

② '장면 해설'을 그림 생성하기(뤼튼)
- 장면 해설을 듣고 그림으로 그려 보기
- 친구들과 공유하며 토의하기
- 인공지능(뤼튼)으로 그림 생성하기

③ 그림책의 그림, 내가 그린 그림, 인공지능 생성그림을 비교하고 이야기 나누기

"인공지능이 생성한 그림과 내가 그린 그림, 동화책의 그림을 비교해 봅시다."
"어떤 그림이 더 감정이나 이야기를 잘 전달하나요? 왜 그렇게 느꼈나요?"

배움 3에서는 그림책을 말로 해설하는 활동을 합니다.

① 장면 해설이 들어간 그림책 음성 파일 만들기(녹음)

"그림책의 장면 해설을 녹음해 봅시다."
"녹음할 때, 어떤 점에 신경 써야 할까요?"(감정, 발음, 속도 등)

② 그림책 음성 파일 눈 감고 들어 보기

평가 영역		평가 항목	잘함	보통	미흡
인지적 영역	읽기 전	[상상력 평가] 학생들이 상상한 이야기의 창의성, 논리성이 있는가?			
	읽기 중	[이해도 평가] 주요 사건과 인물, 주제를 정확히 파악하였는가?			
	읽기 후	[창의성 평가] 다양한 방법으로 표현한 작품의 창의성, 독창성 그 리고 책의 주제와 관련성 이 있는가?			

 이런 활동도 할 수 있어요

Quizizz를 활용한 독서 퀴즈 만들기

Quizizz란?(Quizziz.com)
Kahoot, 띵커벨 퀴즈와 같이 인공지능 기반 게이미피케이션 퀴즈 생성 사이트

① Quizzizz AI - Documents

② Generate with AI - Text/Prompt

• 언어, 문항 수, 학생 수준 설정

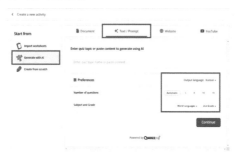

③ 책 내용 입력 - Generate quiz

④ 문제 확인 - Publish

〈그림 44~47〉 Quizzizz 설명

🔍 | 우리 반 티셔츠 제작하기

대상 학년	6학년
대상 과목	사회, 수학, 미술, 국어
핵심 성취 기준	[6사06-01] 다양한 경제활동 사례를 통해 가계와 기업의 경제적 역할을 파악하고, 가계와 기업의 합리적 선택 방법을 탐색한다. [6수05-04] 자료를 수집, 분류, 정리하여 목적에 맞는 그래프로 나타내고, 그래프를 해석할 수 있다. [6국01-05] 매체 자료를 활용하여 내용을 효과적으로 발표한다.
활용 AI 플랫폼	멘티미터(Mentimeter), 감마(Gamma), 캔바(Canva)

차시별 흐름	
차시	**주제**
1~2	가계와 기업의 합리적 소비 경험하기
3~5	기업이 되어 우리 반 티셔츠 계획하기
6	기업이 되어 우리 반 티셔츠 제작하기
7	기업이 되어 우리 반 티셔츠 홍보하기
8	가계가 되어 합리적 의사결정을 통해 우리 반 티셔츠 선정하기

이 수업은 학생들이 가계와 기업의 입장이 되어 합리적 소비를 하는 방법에 대해 익히고, 이를 경험해 보기 위해 설계했습니다. 가계의 경우, 학생들이 일상 속에서 합리적 선택의 경험을 해 볼 수 있습니다. 학생들이 가격을 비교해 가며 물건을 사는 것도 하나의 합리적 소비가 될 수 있습니다. 하지만 기업의 입장이 되어 본다는 것은 다른 의미를 지닙니다. 가계의 경우 개인의 만족감을 최대로 하는 소비이지만, 기업의 경우는 최대의 이윤을 남겨야 합니다. 이윤을 남긴다는 것에 대한 이해도 필요할 뿐만 아니라 원가 및 정가의 의미 또한 이해가 필요합니다. 또한 기업의 입장은 혼자 경험하기 힘듭니다. 그래서 이 프로젝트에서는 모둠활동으로 모둠 친구들과 하나의 기업이 되어 기업 입장에서의 합리적 소비를 경험해 볼 수 있습니다. 학생들이 두 가지 역할을 경험해 봄으로써 개인일 때와 기업일 때 합리적 소비를 하는 기준과 방법이 다르다는 것을 스스로 깨닫도록 합니다.

이 수업을 인공지능 융합 수업으로 계획한 이유는 다음과 같습니다. 첫 번째, 실제적인 문제 해결 능력을 함양하기 위함입니다. 모둠별로 기업을 만들어 반 티셔츠를 제작하는 프로젝트는 학생들이 실제 기업의 문제를 해결하고, 기획에서 실행까지의 전 과정을 경험할 수 있습니다. 이 과정에서 멘티미터를 통해 실시간 설문을 받아 기업의 아이디어를 계획할 수 있고, 감마를 통해 프레젠테이션 제작에 활용되어 기업의 의사 결정 과정 및 계획을 시각화할 수 있습니다. 또한 캔바와 같은 디자인 플랫폼을 사용하여 기업별 창의적인 아이디어를 시각적 결과물로 구현하는 데 도움을 줍니다. 두 번째는 비판적 사고의 강화입니다. 인공지능 도구들을 통해 학생들은 데이터를 분석하고 자신의 아이디어를 시각화하여 효과적인 의사소통을 할 수 있습니다. 이 과정에서 비판적 사고가 함양할 수 있습니다.

멘티미터와 감마는 구글 계정으로 로그인을 하기 때문에 활용할 수 있는 방안은 두 가지입니다. 첫 번째는 학생용 구글 계정을 받아 일괄적으로 배포하는 것입니다. 두 번째는 학생들의 실제 계정을 활용하는 것인데, 구글 키즈 계정을 사용하는 학생들은 보호자의 동의가 필요합니다. 사전에 학생들이 가정에서 회원가입을 한 뒤에 수업을 진행하는 것이 좋습니다. 원활할 수업 진행을 위해 학생용 구글 계정의 일괄 배포 및 활용을 추천합니다. 또한 멘티미터와 감마는 학생들이 기업의 입장이 되어 활용하는 플랫폼이기 때문에 모둠의 모든 학생들이 가입할 필요가 없습니다. 배우는 것은 함께 배우지만, 모둠의 대표 한 명만 가입을 해도 좋습니다.

감마를 활용할 때 학생들이 인공지능을 맹신하는 경우가 많이 발생합니다. 실제로 반 학생들에게 프롬프트만으로 완성된 PPT를 보고 수정할 내용이 있으면 수정하라고 설명했을 때, 한 학생이 "AI가 저보다 정확해서 고칠 필요 없어요."라고 이야기를 한 적이 있습니다. 이 부분에 대해서는 인공지능에 대한 윤리 교육이 필요합니다. 인공지능의 판단이나 추천을 맹신하게 되면 그 결과에 대한 책임감을 느끼지 못할 수 있습니다. 인공지능 윤리교육을 통해 인공지능의 판단을 평가하고, 인간의 판단과 결합하여 최선의 결정을 내릴 수 있도록 합니다. 이를 통해 인공지능의 한계를 이해하고, 인공지능의 결정을 비판적으로 바라보며, 최종 결정의 책

임은 자신에게 있음을 깨닫게 해 줍니다.

경상남도 학교의 경우, 아이톡톡의 톡톡 클래스-과제방을 활용할 수 있는데, 과제방에는 PPT 형식이 업로드되지 않아 선생님 메일이나 패들렛으로 자료를 받을 수 있습니다.

1~2차시

배움단계 (시량)	교수·학습활동	자료(자) 및 유의점(유)
배움 열기 (10')	⚙ **동기 유발** • 학습 동기 유발 영상 시청 　인공지능이 도입된 발전된 기술들과 일상생활 속 　활용 사례 관련 영상 시청 ⚙ **배움 목표** • 배움 목표 알아보기 　가계와 기업의 합리적 선택을 알 수 있다. ⚙ **배움 순서** • 배움 순서 알아보기 　배움 1. 가계의 합리적 선택 알아보기 　배움 2. 기업의 합리적 선택 알아보기	(자) 영상 (유) 영상의 내 용이 인공지 능에 대한 왜 곡된 인식을 심어 주지 않 도록 신중히 선정합니다.
배움활동 (60')	⚙ **배움 1. 가계의 합리적 선택 알아보기** ㅇ가계의 합리적 선택 알아보기 • 놀이동산 간식을 통한 가계의 합리적 선택 알아보기 　- 다양한 간식 중, 자신의 기준으로 정한 간식 발표 　　하기 　- 자신의 선택을 칠판에 나타내기 • 가계의 합리적 선택의 필요성 알아보기 ⚙ **배움 2. 기업의 합리적 선택 알아보기** ㅇ기업의 합리적 선택 알아보기 • 놀이동산 간식을 통한 기업의 합리적 선택 알아보기 　- 가계의 합리적 선택에서 가장 많은 표를 받은 간 　　식 활용하기	(자) PPT, 활 동지 (유) 개인마다 선택을 위한 다양한 기준 이 있음을 인 정하고 존중 할 수 있도록 지도합니다.

	- 기업의 생산품을 만들기 위한 기준 마련 후, 소비자 조사하기 - 소비자 조사 결과를 활용하여 생산품 정하기	(유) 소비자 조사를 시행할 때 진지하게 조사에 참여할 수 있도록 지도합니다.
배움정리 (10')	⚙️ 배움 활동 정리 • 초성 퀴즈를 풀며 배움 활동 정리하기 ⚙️ 차시 예고 • 다음 시간에 배울 배움 주제 확인하기 - 기업이 되어 우리 반 티셔츠를 제작해 봅시다.	(자) PPT

🤖 활동 목적 및 방법

　배움 1에서 학생들이 직접 가계의 입장이 되어 어떤 기준으로 어떤 소비를 할 것인지 활동지를 통해 직접 경험해 봄으로써 가계의 합리적 소비란 적은 비용으로 최대의 만족감을 얻는다는 것을 깨닫는 것을 목적으로 합니다. 활동 방법은 활동지를 통해 정해진 자금으로 자신에게 최대의 만족감을 얻는 선택을 연습해 봅니다. '만약 내가 수학여행에서 놀이공원을 갔는데 간식의 종류가 다양하다면 어떠한 간식을 사 먹을 수 있을까?'라는 주제로 생각해 볼 수 있습니다. 간식을 선정하는 데에는 다양한 기준이 존재하는데, 가격, 맛, 위생상태 등이 있습니다. 이들 중 자신이 가장 중요하게 여기는 기준은 무엇인지 우선순위를 정하여 점수를 매기고 최종적으로 간식을 선정합니다. 이 과정을 통해 가계의 합리적 소비를 이해하고, 자신이 생각하는 합리적 소비와 다른 사람들이 생각하는 합리적 소비의 기준이 다르다는 것을 알 수 있습니다.

  배움 2에서는 학생들이 직접 기업의 입장이 되어 어떤 기준으로 어떤 소비를 할 것인지 활동지를 통해 직접 경험해 봄으로써 기업의 합리적 소비란 적은 비용으로 최대의 이윤을 얻는다는 것을 깨닫는 것을 목적으로 합니다. 이전 활동에서 조사했던 우리 반에서 가장 선호하는 간식 설문을 토대로 어떤 종류의 간식을 생산할 것인지 판단합니다. 그 후, 간식을 생산하는 데 선택 사항이 될 수 있는 다양한 기준들(맛, 형태 등) 중 3가지 기준을 정해 반 전체 학생들에게 설문조사를 실시합니다. 그 설문조사를 바탕으로 구체적인 간식 생산 계획을 세울 수 있습니다. 이 과정을 통해 기업이 중요시 여기는 기준에 따라 간식의 형태가 다양해질 수 있음을 학생들이 스스로 깨달을 수 있습니다.

♦♦ 활동 팁 ♦♦

- 기업의 합리적 선택을 위한 기준 마련 시, '양 많고 맛있다' 등의 추상적인 기준을 내세우는 경우가 있습니다. 이때, 기준은 정확히 구분이 되어야 함을 알고, 학생들이 구체적인 기준을 만들 수 있도록 안내합니다. 또한, 양에 따라 원가가 변경되어 하나를 팔 때의 이윤이 달라짐을 안내하고, 교사가 정확한 가이드라인을 정해 줄 필요가 있습니다. 모두가 간식을 계획한 뒤, 투표를 통해 가장 많은 이윤을 얻는 기업을 뽑을 수 있습니다.
- 가계의 합리적 선택 시, 우리 반에서 가장 선호하는 간식을 판서로 나타내면 명시적으로 확인이 가능합니다. 판서의 설문은 다음 활동인 기업이 되어 간식 생산하기의 자료로 활용할 수 있습니다.

| 1~2차시 | 기업의 합리적 선택을 알아봅시다.
- 환상의 나라 ( )랜드 | 학년 반 번호
이름 : |

자신의 이름

※ 지난 시간에 우리 반에서 선택한 간식 1위는 ( )입니다.

※ 여러분은 이제 기업의 대표가 되었습니다. 여러분이 만약 1위 간식을 생산해야 한다면, 어떤 간식을 생산할 것인가요?

※ 간식을 만들기 위한 다양한 기준을 생각하며 선택조사를 해보고, 기업의 합리적 선택을 경험해 봅시다.

1. 내가 정한 기준 3가지

2. 자신의 기준에 따라 설문조사 만들기

기준	예시) 우리 반이 좋아하는 맛은?(아이스크림이 1위인 경우)
종류 (필요에 따라 만을 나누어 주세요.)	딸기 ○○○○ 바닐라 ○○○○○○ 초코 ○○○ 녹차 ○○○○○○○○
결과	우리 반 친구들은 아이스크림의 맛 중 녹차맛을 가장 선호하는 것으로 나타났다.

기준	종류 (필요에 따라 칸을 나누어 주세요.)	결과

기준	종류 (필요에 따라 칸을 나누어 주세요.)	결과

기준	
종류 (필요에 따라 칸을 나누어 주세요.)	
결과	

3. 기업의 입장에서 내가 생산할 간식과 그 이유

기업의 입장에서 내가 생산할 간식은 _____ 입니다.

그 이유는 _____ 때문입니다.

4. 가계와 기업의 합리적 선택 정리하기

우리가 합리적인 선택을 해야 하는 이유는?	( ) 때문에		
가계의 합리적 소비란?	적은 ( ) ⇨ ( )으로 가장 큰 ( )을 ( )하는 소비		
기업의 합리적 소비란?	적은 ( ) ⇨ ( )으로 가장 큰 ( )을 ( )하는 소비		

3~5차시

배움단계 (시량)	교수·학습활동	자료(자) 및 유의점(유)
배움열기 (10')	⚙️ **동기 유발 및 전시학습 상기** • 지난 시간 복습하기 　지난 시간에 배운 내용 복습하기 ⚙️ **배움 목표** • 배움 목표 알아보기 　기업이 되어 상품 계획을 세울 수 있다. ⚙️ **배움 순서** • 배움 순서 알아보기 　배움 1. 의류 회사 설립하기 　배움 2. 소비자 수요 조사하기 　배움 3. 상품 계획하기	(자) PPT
배움활동 (100')	⚙️ **배움 1. 의류 회사 설립하기** ○ 모둠별 의류 회사 설립하기 • 모둠별 의류 회사 설립하기 • 티셔츠를 만들기 위한 모둠별 기준 마련하기 　- 기업의 역할이 되어 티셔츠를 만들기 위한 기준 　　마련하기 　- 기준에 대한 설문조사 자료 만들기 ⚙️ **배움 2. 소비자 수요 조사하기** ○ 소비자 수요 조사하기 • 소비자 수요 조사하기 　- 멘티미터를 활용하여 반 학생들을 대상으로 기준 　　에 대한 설문조사 실시하기	(자) PPT, 활동 지, 학생용 PC (유) 모둠을 구성하여 서 로 도움을 주 고받을 수 있 도록 하고, 지 속적으로 순 회하며 지도 합니다.

	- 조사 결과를 멘티미터를 활용하여 다양한 그래프로 나타내기 ⚙ 배움 3. 상품 계획하기 ○티셔츠 계획하기 • 티셔츠 제작 계획서 작성하기 - 모둠별 티셔츠 제작 계획서 작성하기 • 티셔츠 제작 발표 자료 만들기 - 감마를 활용하여 상품 계획 발표 자료 제작하기 - 자료의 특성에 맞게 발표하기	(유) 기준 마련 시, 실제로 제작할 수 있는 기준을 마련할 수 있도록 합니다.
배움정리 (10')	⚙ 수업 소감 발표하기 • 활동 내용을 생각하며 수업 소감 발표하기 - 기업이 많은 이윤을 얻기 위해서는 어떤 상품을 만들어야 한다고 생각하나요? ⚙ 차시 예고 • 다음 시간에 배울 내용 확인하기 - 우리 반 티셔츠를 제작해 봅시다.	(유) 자유롭게 자신의 의견을 발표할 수 있도록 지도합니다.

🤖 활동 목적 및 방법

 배움 2는 학생들이 기업이 되어 반티를 생산할 때, 기업에서 추구하는 가치가 담긴 세 가지 기준에 대해 구체적으로 소비자들의 수요를 조사함으로써, 기업의 합리적 선택을 위한 발판을 마련합니다. 실시간 설문조사 플랫폼인 '멘티미터'를 활용하여 소비자 설문조사를 만들어 링크를 패들렛이나 경상남도의 경우, 톡톡 클래스-과제방에 올려 모든 학생들이 설문에 참여할 수 있도록 합니다. 실시간 설문조사를 통해 소비자들이 어떤 것을 선호하는지, 어떤 것을 선호하지 않는지 알 수 있습니다.

배움 3은 소비자 설문조사를 통해 어떤 티셔츠를 만들 것인지 계획한 후, 감마를 활용하여 설문조사의 결과 및 제작 계획을 소비자 앞에서 발표하며 기업의 합리적 의사결정 과정을 체험합니다. 자동 프레젠테이션 생성기 감마를 활용하여 소비자 설문 결과 및 반 티셔츠 생산 계획이 담긴 PPT를 제작합니다. PPT를 생성하는 과정에서 프롬프트의 의미와 중요성을 인식시켜 줄 수 있습니다.

◆◆ 활동 팁 ◆◆

멘티미터는 실시간 설문조사이므로, 설문조사를 올린 학생이 설문을 진행하지 않으면 설문이 이루어지지 않습니다. 기업의 대표 학생들이 차례대로 나와 설문을 진행시켜 다른 학생들이 참여할 수 있도록 지도합니다. 멘티미터에서 학생들이 설문에 활용하기 쉬운 것은 워드클라우드입니다. 하지만 학생들이 배운 띠그래프, 원그래프, 막대그래프 등을 활용할 수 있는 설문도 있으므로 학생들이 질문에 어울리는 설문 형태를 선정할 수 있도록 유도합니다. 티셔츠 색상은 미리 의뢰할 티셔츠 사이트를 들어가 제작 가능한 색을 확인 후, 학생들에게 안내합니다.

감마는 한 문장의 프롬프트로 PPT를 생성하기 때문에 인공지능에게 어떠한 프롬프트를 제공해야 우리 기업에 맞는 결과물이 생성될 것인지 생각한 후 활용하는 것이 좋습니다. 그래서 한 번의 생성이 아닌 여러 번 새롭게 생성하면서 한 문장의 명령어를 만들어 가는 것도 좋은 방법이 될 수 있습니다. 또한, 감마에서 생성된 PPT에는 설문조사의 정확한 내용이나 티셔츠 디자인의 구체적인 계획이 잘 드러나지 않기 때문에 수정을 통해 기업의 방향에 맞는 내용으로 변경하는 과정이 필요합니다.

3~5차시	의류 기업을 설립해 봅시다.

기업명	※ 기업명의 의미를 함께 생각해 주세요.
기업의 특징, 특성	※ 예시) 환경을 중요시 여긴다. 모든 옷과 조화를 이룰 수 있는 디자인을 만든다. 등
기업 구성원	
기업의 로고	※ 로고를 그림으로 그려주세요. ※ 기업명의 의미와 기업의 특징, 특성이 드러나는 로고를 그려주세요.
티셔츠를 만들기 위한 기준	※ 다양한 기준을 작성한 후, 3가지를 선택해 주세요.

배움단계 (시량)	교수·학습활동	자료(자) 및 유의점(유)
배움열기 (5')	⚙ **배움 목표** • 배움 목표 알아보기 우리 반 티셔츠를 제작할 수 있다. ⚙ **배움 순서** • 배움 순서 알아보기 배움 1. 우리 반 티셔츠 제작하기 배움 2. 기업의 대표 상품 선택하기	
배움 활동 (30')	⚙ **배움 1. 우리 반 티셔츠 제작하기** ○우리 반 티셔츠 제작하기 • 개인별로 우리 반 티셔츠 제작하기 - 저작권에 대해 알아보기 - 모둠에서 수집한 자료를 바탕으로 캔바를 활용하 여 티셔츠 제작하기 ⚙ **배움 2. 기업의 대표 상품 선택하기** ○기업의 대표 상품 선택하기 • 모둠별 대표 상품 선택하기 - 모둠 내에서 제작한 티셔츠 비교하기 - 모둠의 대표 상품 선택하기	(자) PPT, 학 생용 PC (유) 티셔츠 를 제작할 때 그림이나 자 료에 대한 저 작권을 지키 며 제작할 수 있도록 지도 합니다.
배움정리 (5')	⚙ **수업 소감 발표하기** • 활동 내용을 생각하며 수업 소감 발표하기 - 기업이 되어 상품을 만들어 본 소감이 어떤가요? ⚙ **차시 예고** • 다음 시간에 배울 내용 확인하기 - 상품을 홍보해 봅시다.	(유) 자유롭 게 자신의 의 견을 발표할 수 있도록 지 도합니다.

배움 1은 이 활동은 학생들이 기업의 입장이 되어 적은 비용으로 최대의 이윤을 얻기 위해 어떤 티셔츠를 만들어야 할지 고민하고 직접 만들어 보는 것을 목적으로 합니다. 이 활동에서는 그래픽 디자인 플랫폼인 캔바를 활용합니다. 학생들과 함께 캔바를 활용하기 위해서는 활용 전에 미리 교사의 계정을 생성한 뒤 교육용으로 전환하여 반 학생들에게 초대 링크를 보내면 학생들은 무료로 캔바의 대부분의 이미지를 사용할 수 있습니다. 캔바에 모두 가입 후, 티셔츠 도안을 교사가 공유하여 공유된 템플릿에서 학생들이 자유롭게 티셔츠를 디자인하도록 안내합니다. 이 활동은 개인 활동으로, 티셔츠를 디자인할 때 이전 활동에서 조사했던 소비자들의 선호도를 생각할 수 있도록 안내합니다. 또한, 캔바의 기능 중 'AI 이미지 생성'은 프롬프트를 통해 사용자가 원하는 이미지를 생성해 줍니다. 이 기능을 활용하여 학생들이 다양한 디자인을 생성할 수 있도록 안내합니다.

7차시

배움단계 (시량)	교수 · 학습활동	자료(자) 및 유의점(유)
배움열기 (5')	⚙ **동기 유발** • 동기 유발 광고의 역할은 무엇일까요? ⚙ **배움 목표** • 배움 목표 알아보기 상품에 어울리는 마케팅을 활용할 수 있다. ⚙ **배움 순서** • 배움 순서 알아보기 배움 1. 광고 방법 선택하기 배움 2. 광고 자료 제작하기	(자) 유튜브 광고 영상 (유) 광고 영상을 시청할 때 제품이 아닌 광고의 특성에 집중할 수 있도록 안내합니다.
배움활동 (30')	⚙ **배움 1. 광고 방법 선택하기** ○광고 방법 선택하기 • 모둠별 티셔츠에 대한 광고 방법 선택하기 　- 광고에 어떤 내용이 들어갈 수 있는지 알기 　- 광고의 다양한 유형 알기 　- 티셔츠의 특성을 생각하며 광고 방법 선택하기 ⚙ **배움 2. 광고 자료 제작하기** ○광고 자료 제작하기 • 모둠별 티셔츠 광고 자료 제작하기 　- 모둠별 선택한 광고에 맞는 자료 제작 계획 세우기 　- 모둠별 티셔츠 광고 자료 제작하기	(자) PPT (유) 실제 광고 자료를 참고하되, 모방하지 않도록 지도합니다. (유) 모둠을 구성하여 서로 도움을 주고받을 수 있도록 하고, 지속적으로 순회하며 지도합니다.

	⚙ 수업 소감 발표하기	(자) PPT
배움정리 (5')	• 활동 내용을 생각하며 수업 소감 발표하기 - 기업이 되어 상품에 대한 광고를 제작한 소감은 어떤가요? ⚙ 차시 예고 • 다음 시간에 배울 내용 확인하기 - 우리 반 티셔츠를 선정해 봅시다.	(유) 자유롭게 자신의 의견을 발표할 수 있도록 지도합니다.

🤖 **활동 목적 및 방법**

배움 2는 티셔츠 광고 계획을 바탕으로 기업별로 광고 자료를 제작하여 소비자들에게 직접 홍보하는 과정을 통해 광고가 소비자의 구매에 어떤 영향을 미치는지 직접 경험하는 것이 목적입니다. 기업별로 선택한 광고의 유형에 따라 다양한 플랫폼을 활용하여 광고를 제작한 후, 소비자들에게 홍보할 수 있도록 합니다. 광고를 제작할 때에는 캔바나 감마 등의 플랫폼을 활용할 수 있고, 영상 광고의 경우, 해당 기업의 학생들에게 브루(Vrew)를 안내하여 프롬프트를 통해 기업이 원하는 광고 영상을 제작할 수 있도록 안내합니다.

광고는 단순히 제품을 보여 주는 것이 아니라 제품의 특성 및 장점들을 함께 소개하여 소비자의 구매 욕구를 자극할 수 있어야 합니다. 광고에 들어가야 할 내용에는 무엇이 있을지 다양한 광고 자료를 참고하여 확인 후, 학생들이 광고를 제작할 때 어떠한 내용으로 소비자들을 설득시킬 것인지 생각하며 제작할 수 있도록 안내합니다.

8차시

배움단계 (시량)	교수·학습활동	자료(자) 및 유의점(유)

배움열기
(5')
	⚙️ **배움 목표**
	
	• 배움 목표 알아보기
	  합리적 의사결정을 통해 우리 반 티셔츠를 선정할
	  수 있다.
	
	⚙️ **배움 순서**
	
	• 배움 순서 알아보기
	  배움 1. 합리적 의사결정 표 제작하기
	  배움 2. 우리 반 티셔츠 선정하기
		(자) PPT

배움활동
(25')
	⚙️ **배움 1. 합리적 의사결정 표 제작하기**
	○ 합리적 의사결정 표 작성하기
	• 개인별 합리적 의사결정 표 작성하기
	  - 개인의 평가기준에 따른 합리적 의사결정 표 제작
	    하기
	
	⚙️ **배움 2. 우리 반 티셔츠 선정하기**
	○ 우리 반 티셔츠 선정하기
	• 각 모둠별 광고 영상 시청하기
	• 개인의 의사결정표를 활용하여 모둠별 상품 평가하기
	  - 작품을 공유하며 동료 평가하기
	• 우리 반 티셔츠 선정하기
	  - 개인별 순위 발표를 통해 우리 반 티셔츠 선정하기
		(자) PPT, 활
		동지
		
		(유) 평가기
		준 선정 시,
		모둠의 작품
		을 실제로 평
		가할 수 있는
		기준을 마련
		할 수 있도록
		지도합니다.

	⚙ 수업 소감 발표하기	(자) PPT

**배움정리
(10')**
	• 활동 내용을 생각하며 수업 소감 발표하기
	- 가계와 기업의 합리적 의사결정이 중요한 이유는
	  무엇일까요?
	- 직접 가계와 기업이 되어 상품을 만들고 선정한
	  소감을 발표해 봅시다.
		(유) 최종 성
		취기준에 도
		달할 수 있도
		록 전체 배움
		활동을 마무
		리합니다.

🤖 활동 목적 및 방법

배움 2는 각 모둠별 광고를 본 후 개인의 의사결정표를 활용하여 기업
별 상품을 평가하는 과정을 통해 가계의 합리적 의사결정을 최종적으로
경험해 보고자 합니다. 기업별 광고를 확인한 뒤, 개인의 의사결정표를
활용하여 기업별 상품을 기준별로 평가하는데, 평가를 할 때에는 1~10점
을 정하여 각 기준별로 해당되는 점수를 책정합니다. 그 후, 기준별 점수
를 합산하여 가장 높은 점수의 티셔츠를 최종적으로 선정합니다.

◆◆ 활동 팁 ◆◆

평가 과정을 통해 얻은 점수를 합산할 때 동점일 경우가 생길 경우, 우선순위
가 높은 기준의 점수를 비교하여 최종적으로 선정할 수 있도록 안내합니다.

평가영역	평가항목	잘함	보통	미흡
인지적 영역	기업이 되어 기업의 합리적 소비를 이해하고, 우리 반 대표 티셔츠를 만들 수 있는가?			
	가계가 되어 가계의 합리적 소비를 이해하고, 합리적 의사결정 표를 활용하여 우리 반 대표 티셔츠를 선정할 수 있는가?			

가계와 기업이 되어 합리적 의사결정을 하는 방법을 정리해 봅시다.

💡 이런 활동도 할 수 있어요

1. 티셔츠가 아닌 샌드위치 가게를 운영하여 소비자들이 직접 사 먹을 수 있는 형식으로 진행해도 가계와 기업의 합리적 선택을 경험해 볼 수 있을 것이다.

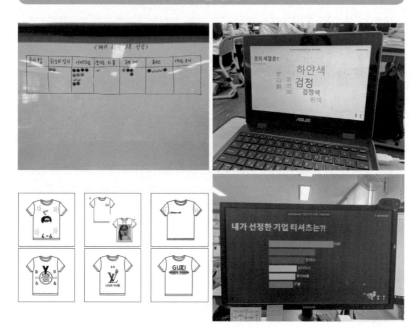

〈그림 48~51〉 수업 장면

Q&A

 아이들이 로고를 만드는 것을 어려워하면 어떡하나요?

 아이들이 기업의 특성에 맞는 로고를 만들기 어려워할 경우, '로고 메이커'라는 AI 생성형 플랫폼을 활용할 수 있습니다. 기업의 이름과 간단한 특징만으로 다양한 로고들을 만들 수 있고, 원하는 대로 수정도 가능하기 때문에 적절히 활용하기 좋습니다.

 학생용 구글 계정은 어떻게 받을 수 있나요?

 교육청마다 다르지만 보통 교육청에 문의하여 학생용 계정을 받을 수 있습니다.

 학생들이 만든 티셔츠 디자인은 실제로 제작되나요?

 네, 학생들이 디자인한 티셔츠 중 마지막 차시에서 합리적 의사결정 과정을 통해 선정된 티셔츠는 실제로 제작이 됩니다. 이 과정에서 학생들은 디자인뿐만 아니라 생산 과정 관리에 대한 전반적인 경험을 쌓을 수 있습니다.

🔍 나만의 음악을 만들고 몸으로 표현하기

대상 학년	6학년
대상 과목	음악, 체육
핵심 성취 기준	[6음 01-03] 제재곡의 노랫말을 바꾸거나 노랫말에 맞는 말붙임새로 만든다. [6체 04-07] 주제 표현 활동을 하는 데 필요한 다양한 표현 방법을 바탕으로 개인 또는 모둠별로 작품을 창의적으로 구성하여 발표하고 이를 감상한다. [6체 04-08] 주제와 관련된 다양한 표현 방식을 이해하고 자신의 느낌과 생각에 따라 창의적인 방법으로 표현한다.
활용 AI 플랫폼	수노(Suno), 리빙 아카이브(Living Archive), 브루(Vrew), 캡컷(Capcut) 등

차시별 흐름	
차시	**주제**
1~2	'여름' 하면 떠오르는 단어를 활용하여 곡 만들기(개인 활동)
3~4	모둠의 곡 만들기
5~8	모둠의 곡을 몸으로 표현하고 뮤직비디오 만들기

이 프로젝트는 학생들이 모둠별로 소재를 정해 소재에 어울리는 곡을 생성한 후, 곡과 어울리는 표현 동작을 만들어 뮤직비디오를 제작하는 것이 목표입니다. 각 모둠은 자유롭게 소재를 선정한 후, 가사를 직접 작성하여 생성형 AI와 협력하여 가사에 어울리는 음악을 작곡한 후, 촬영 및 편집을 통해 영상을 제작합니다. 이 프로젝트를 통해 학생들은 크게 세 가지를 얻을 수 있는데, 첫 번째는 창의성입니다. 수노와 같은 인공지능 플랫폼을 통해 학생들이 프롬프트나 가사로 음악을 생성하고, 리빙 아카이브를 통해 표현 동작을 창작하는 과정에서 창의성을 발휘할 수 있으며, 나아가 다양한 예술적 표현 방식에 대해 경험해 볼 수 있습니다. 두 번째는 협동심입니다. 모둠별 프로젝트를 통해 학생들은 협력과 소통의 중요성을 깨달을 수 있습니다. 마지막으로는 인공지능에 대한 이해입니다. 학생들이 단순히 인공지능을 소비하는 것이 아니라 직접 활용해 봄으로써 인공지능 기술에 대한 실질적인 이해를 높일 수 있습니다. 또한 학생들이 예체능 분야에 인공지능의 기술을 접하고 실습해 봄으로써 인공지능의 다양한 활용을 경험해 볼 수 있습니다.

🤖 수업 전 준비사항

이 프로젝트는 모둠별 활동이므로, 모둠을 구성할 때 만들고 싶은 노래의 소재가 비슷한 학생들을 조사하여 모둠을 구성하면 학생들의 보다 적극적인 참여를 이끌어 낼 수 있으므로 사전에 소재에 대한 조사를 하는 것을 추천합니다.

수노는 구글 계정으로 로그인을 하기 때문에 활용할 수 있는 방안은 두 가지입니다. 첫 번째는 학생용 구글 계정을 받아 일괄적으로 배포하는 것입니다. 두 번째는 학생들의 실제 계정을 활용하는 것인데, 구글 키즈 계정을 사용하는 학생들은 보호자의 동의가 필요합니다. 사전에 학생들이 가정에서 회원가입을 한 뒤에 수업을 진행하는 것이 좋으며, 원활한 수업 진행을 위해 학생용 구글 계정의 일괄 배포 및 활용을 추천합니다.

모둠별로 소재를 정하여 수노로 곡을 만들 때, 학생들에게 바로 가사를 작성하라고 하면 어려워하는 경우가 많습니다. 다양한 곡을 보여 주며 후렴 부분과 1절, 2절의 구성에 대해 안내 후, 가사를 작성할 수 있도록 지도하면 더욱 수준 높은 곡이 완성될 수 있습니다. 이때의 구성은 한글이 아닌 영어로 안내해야 합니다. [Verse], [Chorus], [Bridge] 등 영어로 구성을 입력하지 않고 한글로 구성을 입력하게 되면 구성의 이름까지 노래의 가사로 입력이 되어 곡이 완성되므로 이에 유의해야 합니다. 수노는 생성형 AI의 특성상 로딩 시간과 다운로드 시간이 오래 걸립니다. 교실 내 와이파이의 성능을 확인 후 수업을 진행한다면 로딩 시간으로 인한 수업 지연이 어느 정도 해소될 수 있습니다.

1~2차시

배움단계 (시량)	교수 · 학습활동	자료(자) 및 유의점(유)

배움열기
(10')
	⚙ **동기 유발**
	
	• 학습 동기 유발 영상 시청
	  '다시 여기 바닷가' 뮤직비디오 시청
	
	⚙ **배움 목표**
	
	• 배움 목표 알아보기
	  '여름' 하면 떠오르는 것은?
	
	⚙ **배움 순서**
	
	• 배움 순서 알아보기
	  배움 1. '여름'에 있었던 나의 경험 떠올리기
	  배움 2. 수노를 활용하여 '여름'에 어울리는 나만의 곡 만들기
		(자) PPT, 영상
		
		(유) 뮤직비디오에 나오는 인물에 집중하는 것이 아닌 뮤직비디오가 어떤 내용을 담고 있는지 생각하며 감상할 수 있도록 안내합니다.

배움활동 (65')	⚙ **배움 1. '여름'에 있었던 나의 경험 떠올리기** ○ 자신의 경험 돌아보기 • '여름' 하면 떠오르는 경험 발표하기 • '여름' 하면 떠오르는 단어를 멘티미터에 기록하기 • 프롬프트 만들기 - 멘티미터에 나온 단어들을 활용하여 '여름'과 관련한 어떤 노래를 만들 것인지 한 문장의 프롬프트로 나타내기 ⚙ **배움 2. 수노를 활용하여 '여름'에 어울리는 나만의 곡 만들기** ○ 수노 알아보기 • 수노 가입하기	(자) PPT, 아이북 (유) 친구들의 다양한 경험을 존중하는 분위기를 형성합니다. (유) Google 계정으로 로그인 할 때, 키즈 계정을 사용 중인 학생들은 보호자의 동의가 필요하므로, 사전에 가입을 하

	- Google 계정을 활용하여 수노에 가입하기 • 수노를 활용하여 나만의 노래 만들기 　- 배움 1의 프롬프트를 활용하여 나만의 노래를 　　만들어 친구들과 공유하기	고 올 수 있도록 지도합니다.
배움정리 (5')	⚙️ **배움 활동 정리** • 수노를 활용하여 자신만의 음악을 만든 소감 발 　표하기 ⚙️ **차시 예고** • 다음 시간에 배울 배움 주제 확인하기 　- 모둠의 음악을 만들어 봅시다.	(자) PPT

🤖 활동 목적 및 방법

　배움 1은 학생들이 브레인스토밍을 통해 '여름'이라는 소재에 대해 떠오르는 경험이나 단어들을 연상해 보며 소재에 어울리는 프롬프트를 작성하는 것을 목적으로 합니다. '여름'과 관련된 곡을 들은 후, 곡에 대한 느낌이나 내용에 대해 이야기를 합니다. 그 후, 자신의 '여름'에 관련된 경험을 이야기하며 자신은 어떤 곡을 만들고 싶은지 생각합니다. 그 후, '여름'과 관련된 다양한 단어들을 활용하여 한 문장의 프롬프트로 나타냅니다.

　배움 2는 수노를 활용하여 곡을 직접 만들어 봄으로써 수노의 기능에 대해 알고, 더욱 다양한 방향으로 활용할 수 있는 방안을 생각해 볼 수 있도록 합니다. 1~2차시는 개인 활동이므로 모든 학생들이 수노에 회원가입을 할 수 있도록 합니다. 수노에 회원가입을 한 뒤, '여름'과 관련된 자신의 프롬프트를 수노에 입력합니다. 프롬프트를 입력하게 되면 관련한 두 곡이 생성되는데, 학생은 생성된 곡들을 감상한 후, 자신의 프롬프트에 가장 적합한 한 곡을 친구들과 공유합니다. 수노를 무료 계정으로 사용할 때에는 하루에 10개의 곡까지 생성할 수 있으므로, 학생들이 여러 프롬프트를 작성하여 곡을 여러 개 생성해 볼 수 있도록 안내합니다.

♦♦ 활동 팁 ♦♦

- '여름' 하면 떠오르는 단어들을 모을 때, 멘티미터나 워드클라우드를 활용하여 모으면 시각적으로 어떤 단어들을 연상했는지 학생들이 쉽게 알 수 있습니다. '여름'과 관련한 곡에 대해 한 문장의 프롬프트로 작성할 때, 프롬프트의 의미에 대해 알고, 프롬프트를 작성할 때 어떠한 내용이 구체적으로 들어가야 하는지 이해한 후 작성할 수 있도록 안내합니다.
- 1~2차시 활동은 수노의 기초적인 사용 방법에 대해 실습을 하는 차시로, 가사를 직접 활용하거나 곡을 수정하는 방법은 추후에 안내하도록 합니다. 곡을 공유할 때, 곡을 다운로드를 하게 되면 로딩 시간이 길어져 수업이 지연되거나, 반 학생들이 서로 공유하기 힘들 수도 있습니다. 지연을 방지하기 위해 곡을 다운로드하는 것이 아닌 링크를 공유함으로써 시간을 단축할 수 있습니다.

3~4차시

배움단계 (시량)	교수·학습활동	자료(자) 및 유의 점(유)
배움열기 (5')	⚙ **동기 유발 및 전시학습 상기** • 지난 시간 복습하기 　지난 시간에 배운 프로그램 복습하기 ⚙ **배움 목표** • 배움 목표 알아보기 　우리 모둠의 음악을 만들 수 있다. ⚙ **배움 순서** • 배움 순서 알아보기 　배움 1. 수노를 활용하여 모둠 노래 만들기 　배움 2. 뮤직비디오 계획하기 　배움 3. 리빙 아카이브를 활용하여 표현 동작 만 들기	(자) PPT
배움활동 (70')	⚙ **배움 1. 수노를 활용하여 모둠 노래 만들기** ○ 모둠별 노래 만들기(활동지) • 소재 정하기 　- 모둠별로 표현하고 싶은 큰 소재를 정하고, 소 　재에 어울리는 여러 단어 연상하기 • 가사 만들기 　- 소재에 어울리는 가사 만들기 　- 후렴과 운이 들어간 가사 만들기 ○ 모둠별 노래 만들기(학생용 PC) • 수노를 활용하여 모둠별 노래 만들기 　- 모둠별로 작사한 가사를 활용하여 수노로 노 　래 생성하기	(자) PPT, 활동지, 학생용 PC (유) 모둠을 구성 하여 서로 도움을 주고받을 수 있도 록 하고, 지속적 으로 순회하며 지 도합니다. (자) PPT, 활동지 (유) 뮤직비디오 를 계획할 때 모

| | ⚙️ 배움 2. 뮤직비디오 계획하기

○ 뮤직비디오 계획하기
• 모둠별 뮤직비디오 제작 계획서 작성하기
 - 가사별 장면을 나누어 뮤직비디오의 구체적
 인 계획 작성하기

⚙️ 배움 3. 리빙 아카이브를 활용하여 표현 동작
 만들기

○ 표현 동작 만들기
• 리빙 아카이브를 활용하여 표현 동작 만들기
 - 리빙 아카이브 활용법 익히기
 - 모둠별 뮤직비디오의 표현 동작 만들기 | 든 모둠원들이 참
여할 수 있도록
안내합니다. |
| 배움정리
(5') | ⚙️ 수업 소감 발표하기
• 활동 내용을 생각하며 수업 소감 발표하기
 - 우리 모둠은 어떤 뮤직비디오를 완성하고 싶
 나요?

⚙️ 차시 예고
• 다음 시간에 배울 내용 확인하기
 - 우리 모둠의 뮤직비디오를 만들어 봅시다. | (유) 자유롭게 자
신의 의견을 발표
할 수 있도록 지
도합니다. |

🤖 **활동 목적 및 방법**

　배움 1은 모둠별로 소재를 직접 선정한 후, 가사를 작성하여 수노를 활용하여 곡을 직접 만들어 봄으로써 수노의 사용자 정의 기능을 익히고, 곡을 생성해 봄으로써 창의적 사고를 기를 수 있도록 합니다. 3~4차시는 모둠 활동이므로 모둠원 중 한 명의 계정으로 수노에 로그인합니다. 이번 활동에서는 프롬프트로 곡을 생성하는 것이 아니라 모둠별로 가사를 작성한 뒤, 가사를 활용하고, 곡의 스타일, 제목을 선정하여 곡을 생성하는 활동이므로 모둠별 소재에 어울리는 내용으로 가사를 작성합니다. 그 후, 가사를 수노에 작성하여 곡을 생성한 후, 생성된 곡 중 모둠의 곡을 선정합니다.

배움 2는 모둠별 곡에 어울리는 뮤직비디오를 계획하며 곡을 효과적으로 표현하는 방법에 대해 생각합니다. 이 활동에서는 배움 1에서 만든 곡으로 어떤 뮤직비디오를 제작할 것인지 모둠별로 계획을 세우는 활동을 진행합니다. 뮤직비디오의 전체적인 틀부터 각 장면별로 필요한 준비물과 가사, 장면별 카메라의 움직임 등 구체적인 뮤직비디오 계획을 작성합니다.

배움 3은 리빙 아카이브를 활용하여 모둠별 곡에 어울리는 표현 동작을 만들며 곡과 표현 동작의 조화에 대해 생각해 볼 수 있도록 합니다. 이 활동에서는 배움 2에서 작성한 뮤직비디오 계획서를 바탕으로 표현 동작이 필요한 부분에서 리빙 아카이브를 활용하여 곡 또는 가사에 어울리는 표현 동작을 직접 만들어 봅니다. 리빙 아카이브는 따로 로그인이 필요하지 않기 때문에 학생들이 쉽게 접근할 수 있습니다. 다양한 표현 동작 중 원하는 동작들을 클릭하여 모은 뒤, 재생을 클릭하면 모아진 동작들을 이어 줍니다. 이를 활용하여 곡에 어울리는 표현 동작을 만들어 보도록 합니다.

학생들에게 바로 가사를 작성하는 활동을 진행할 경우, 어려움을 겪는 학생들이 많을 겁니다. 가사를 작성하는 활동을 하기 전, 다양한 곡의 가사들을 보고 후렴과 1절, 2절의 구성을 알고, 가사 양식을 제공하면 학생들이 더 쉽고 창의적으로 가사를 작성할 수 있습니다. 또한 가사를 작성할 때 운율에 대해 알고 이를 활용할 수 있도록 안내합니다. 또한 곡을 선정한 뒤, 선정한 곡을 수정하는 방법에 대해 안내하여 모둠의 의견이 반영된 곡을 완성할 수 있도록 합니다.

뮤직비디오 활동지를 나누어 줄 때, 모둠별 가사가 적힌 활동지로 나누어 주어 뮤직비디오 계획을 구체적으로 작성할 수 있도록 돕습니다. 뮤직비디오를 제작할 때 모둠의 모든 구성원들이 등장할 수 있도록 안내하며, 연기나 춤, 자막 등 다양한 방법을 구현할 수 있지만 평가의 기준이 되는 표현 동작은 뮤직비디오에 꼭 들어갈 수 있도록 안내합니다. 뮤직비디오 계획에 어려움을 겪는 경우, 실제 뮤직비디오나 다른 학생들의 예시 등 다양한 자료들을 보여 주며 실제 뮤직비디오를 참고할 수 있도록 안내합니다.

리빙 아카이브는 안무를 창작하는 인공지능 툴로, 카메라가 있다면 모션 캡처를 통해 사용자의 움직임을 잡아내고, 그와 가장 비슷한 무용 동작들을 조합하여 새로운 안무를 만들어 내는 기능도 사용할 수 있습니다. 만약 학생이 사용하는 기기에 카메라가 있다면 이 기능을 활용하는 것을 추천합니다. .

3~4차시	**모둠별 노래 만들기**	학년 반 번호 이름 :

※ 모둠명 :

소재	※ 소재는 큰 틀이라고 생각해 주세요. 범위가 넓을수록 떠오르는 단어가 많아집니다!
단어 연상하기	
곡의 분위기	
가사	※ 가사에 여러분이 담고 싶은 이야기를 적어주세요! ※ 가사의 라임(rhyme)을 살려 가사를 만들어 봅시다.

4~8차시

모둠명 :

학번 수 번호

이름 :

목적비디오 계획서

노래 제목 :

▶ 모둠이 기대를 장면이나 마지막 어미디어 세 계획을 작성해 봅시다.
▶ 장면을 나눌 부분을 자들 활용하여 선으로 그어주세요.

장면 번호	가사	초	등장인물	배경	내용(구체적으로)	필요한 소품

5~8차시

배움단계 (시량)	교수·학습활동	자료(자) 및 유의점(유)
배움열기 (5')	⚙️ **배움 목표** • 배움 목표 알아보기 　우리 모둠의 뮤직비디오를 만들 수 있다. ⚙️ **배움 순서** • 배움 순서 알아보기 　배움 1. 표현 동작 촬영하기 　배움 2. 브루를 활용하여 뮤직비디오 만들기	
배움활동 (150')	⚙️ **배움 1. 표현 동작 촬영하기** ○ 모둠별 표현 동작 촬영하기 • 뮤직비디오 장면별 필요한 표현 동작 촬영하기 　- 뮤직비디오 제작 계획서를 참고하여 모둠별 　　로 자유롭게 촬영하기 　- 촬영본을 모둠 대표의 이메일로 전송하기 ⚙️ **배움 2. 브루를 활용하여 뮤직비디오 만들기** ○ 뮤직비디오 편집하기 • 브루 알아보기 　- 모둠별로 브루 가입 후, 촬영본을 활용하여 뮤 　　직비디오 편집하기 ○ 뮤직비디오 감상하기 • 모둠별 뮤직비디오 감상하기 　- 각 모둠의 뮤직비디오를 감상하며 감상 소감 　　발표하기	(자) PPT, 학생용 PC, 휴대전화 (유) 뮤직비디오를 촬영할 때, 다른 학년과 다른 반에 방해가 되지 않도 록 촬영합니다. (유) 브루 활용법 을 모둠별로 찾아 볼 수 있도록 안내 합니다.

| 배움정리
(5') | ⚙️ 수업 소감 발표하기
• 활동 내용을 생각하며 수업 소감 발표하기
  - 모둠별로 소재를 정해 노래를 만들고, 협동하
   여 뮤직비디오를 만든 소감은 어떤가요? | (유) 자유롭게 자
신의 의견을 발표
할 수 있도록 지
도합니다. |

 활동 목적 및 방법

배움 2는 브루를 활용하여 뮤직비디오 영상을 편집하여 뮤직비디오 최종본을 완성합니다. 이 과정에서 영상 편집에 대해 알고, 이를 실습해 볼 수 있도록 합니다. 이 활동에서는 브루를 활용하여 뮤직비디오의 영상을 편집합니다. 브루는 14세 미만이 가입할 경우, 보호자의 이름과 메일로 인증을 해야 하기 때문에 교사의 메일로 인증할 수 있도록 안내합니다. 또는 가정에서 미리 브루에 가입해서 올 수 있도록 안내합니다. 브루는 모둠활동이므로 모둠의 대표 한 명이 가입할 수 있습니다. 가입 후, 자신에게 필요한 편집 기술에 대해 영상으로 익히며 실제 편집에서 활용할 수 있도록 합니다.

> ♦♦ **활동 팁** ♦♦
>
> 수업에서 활용하는 영상 편집 플랫폼으로 브루를 추천했으나 학생들의 편의에 따라 캡컷이나 곰 편집기, 블로(VLLO) 등 다양한 편집 프로그램을 활용할 수 있습니다. 또한 편집 시, 학생들이 음원을 다운로드받지 못할 경우, 교사의 도움으로 음원을 다운받아 활용할 수 있도록 안내합니다. 마지막으로 다른 모둠의 뮤직비디오를 감상하며 서로 칭찬하거나 보완할 점을 이야기하는 시간을 가짐으로써 영상을 시청하는 비판적인 태도를 기를 수 있습니다.

평가영역	평가항목	잘함	보통	미흡
인지적 영역	모둠별로 정한 소재에 어울리는 가사를 활용하여 곡을 완성하였는가?			
	모둠별 곡에 어울리는 표현 동작을 활용하여 뮤직비디오를 완성하였는가?			

모둠별 소재에 어울리는 곡으로 뮤직비디오를 완성한 소감을 이야기해 봅시다.

💡 이런 활동도 할 수 있어요

뮤직비디오를 만들 때, 표현 동작 대신 캔바를 활용하여 노래에 어울리는 이미지를 생성한 후, 브루를 활용하여 뮤직비디오를 생성할 수도 있습니다.

〈그림 52~55〉 수업 장면

Q&A

학생들이 가사를 만드는 데 어려움을 겪을 경우, 어떻게
도와줄 수 있을까요?

만약 모둠 학생들이 가사를 만드는 데 어려움을 겪을 경우,
뤼튼을 활용할 수 있습니다. 중심 소재와 가사에 담고 싶은
내용을 정리하여 명령어를 만들어 뤼튼을 통해 가사를 생
성하고, 생성된 가사를 수정하는 방식으로 도움을 줄 수 있
습니다.

수노로 곡을 생성할 때, 아이들의 목소리로 생성할 수 있나요?

 가능합니다. 수노의 기능에는 '오디오 업로드' 기능이 있어, 생성하고 싶은 목소리를 녹음하여 오디오를 업로드하면 해당되는 목소리로 곡을 생성할 수 있습니다.

 수노나 리빙 아카이브를 활용하면 오히려 학생들의 창의성을 제한하는 것 아닌가요?

 인공지능은 창작의 과정에서 학생들에게 새로운 소재를 제공하여 학생들이 새로운 아이디어를 탐색하는 데 도움을 줄 수 있습니다.

🔍 | 지역별 인구구조를 살펴보고 그에 따른 문제점 해결하기

대상 학년   5학년

대상 과목   국어, 사회

핵심 성취 기준
[6사02-02]
우리나라의 지역별 인구 분포의 특징을 알아보고, 이에 따른 문제점과 해결 방안을 탐색한다.

[6국03-02]
적절한 근거를 사용하고 인용의 출처를 밝히며 주장하는 글을 쓴다.

[6국03-04]
독자와 매체를 고려하여 내용을 생성하고 표현하며 글을 쓴다.

활용 AI 플랫폼   뤼튼(Wrtn), 캔바(Canva), 패들렛(Padlet)

차시별 흐름	
차시	내용
1~2	지역별 인구 구성과 인구 분포를 보고 각 지방에서 발생할 수 있는 문제 알아보기
3~4	각 지역의 인구 문제를 해결할 수 있는 방법 알아보기
5~6	지역별 인구 문제를 해결할 수 있는 방안을 보고서로 만들기
7	문제에 대해 조사한 해결 방안을 바탕으로 전문가 협동 학습하기

현재 한국 사회에서 가장 주목받으며 뜨거운 감자로 떠오르고 있는 사회적 문제는 바로 '인구'입니다. 출생아 수의 감소와 지역별 인구 격차로부터 발생하는 문제들은 향후 우리나라 사회 전반에 걸쳐 다양한 문제들을 야기할 것으로 예상됩니다. 미래 사회의 주요 구성원이 될 학생들은 해당 사회의 문제에 직접적 영향을 받는 대상이 될 가능성이 높습니다.

이에 교사로서 학생들이 미래 사회에 발생할 것으로 예측되는 문제를 알고 그에 대해 대비하도록 미리 준비를 할 수 있게 도와줘야 한다는 관점에서 해당 프로젝트 수업을 구상했습니다.

본 프로젝트는 5학년 사회과 교육과정의 '5-1. 1단원, 국토와 우리 생활'에서 배우는 우리나라의 인구 분포 및 인구 구조와 국어과 교육과정의 '5-1. 6단원, 글쓴이의 주장'에서 배우는 주장하는 방법이라는 학습 내용을 서로 연계하였습니다. 그리하여 본 프로젝트의 흐름은 먼저 데이터를 통해 현재 사회의 문제이자 프로젝트의 핵심 주제를 파악하고, 향후 미래에 어떤 문제가 생길지 예측합니다. 다음으로 그 문제에 대한 해결 방법을 찾아 대안을 마련하고 주장하는 글쓰기 방법에 따라 해결 방법을 다른 사람들에게 주장하는 홍보물을 작성하는 순서로 진행됩니다.

데이터 과학에서의 문제 해결 방법을 찾아내는 순서인 '데이터 분석 → 데이터 시각화 → 발생 가능한 문제 예측 → 문제 해결 방법 구상 → 표현'에 따라 수업이 이루어지는데 이는 프로젝트의 수업 설계의 핵심 요소인 '학생들이 주체가 되어 직접 문제를 제시하거나 발굴해낼 수 있는가'를 충실히 반영하고자 하는 의도에 따라 설계된 것입니다. 주어진 객관적인 데이터를 학습자들이 스스로 분석하여 문제를 추출하는지, 그렇지 않은지에 따라 학습자들의 학습 참여 및 흥미도가 결정된다고 생각하기 때문입니다. 또한 사회과학자들의 실제로 사용하는 방법을 학생들이 체험함으로써 사회과 핵심 역량 중 하나인 지식, 정보 처리 역량을 기를 수 있기 때문입니다.

해당 프로젝트에서 문제의 해결 방법을 찾는 것에 AI가 학습 보조자로써 활용이 되는데 이러한 설계에는 2가지 목적이 있습니다. 첫째로, 2022 개정 교육과정의 '디지털 소양'의 구성 요소인 '디지털 리터러시'는 디지털 도구의 올바른 사용에 대한 항목을 다루고 있기에 이를 활용할 수 있는 능력을 길러 미래 사회에 대비하고자 함입니다. 둘째로 범용적 지식인 AI와 자신의 생각을 비교하는 활동을 통해 일반적인 문제 해결 방법을 학습하고, 보다 창의적인 해결 방법을 학생들이 생각해 볼 수 있도록 하는 기회를 제공할 수 있습니다.

따라서 본 프로젝트에서는 데이터 과학의 문제 해결 방법의 순서에 따라 문제를 발견하고 AI와 함께 대안을 찾아보는 활동을 학생들에게 제시하여 지식, 정보 처리 역량 및 미래 사회 대응 역량을 기를 수 있도록 하는 것이 목적입니다.

🤖 수업 전 준비사항

해당 수업에서는 뤼튼과 캔바라는 인공지능 도구를 사용합니다. 이를 위해 사전에 학생들이 구글 로그인을 할 수 있어야 합니다. 또한 뤼튼의 경우에 교육용 목적으로 만 14세 미만의 학생도 사용할 수 있으므로 사전에 보호자 동의서를 받아야 합니다. 캔바 또한 학생들을 미리 초대해 빠르게 수업에 활용할 수 있도록 연습이 필요합니다.

1~2차시

배움단계 (시량)	교수·학습활동	자료(자) 및 유의점(유)
배움열기 (7')	⚙ **동기 유발** • 인구로 발생하는 문제와 지역 격차에 대한 뉴스 살펴보기 ⚙ **배움 목표** • 배움 목표 알아보기 인구 분포와 구조에 대해 알아보고, 지역별 인구 문제 예측하기 ⚙ **배움 순서** • 배움 순서 알아보기 배움 1. 인구 분포와 구조에 대해 알아보기 배움 2. 지역별 인구 데이터 살펴보기 배움 3. 데이터 전처리와 시각화하기 배움 4. 발생할 문제 예상하기	(자) 교과서, PPT, 활동지
배움활동 (70')	⚙ **배움 1. 인구 분포와 구조에 대해 알아보기** ○ 인구 분포와 구조에 대해 알아보기 • 인구 분포에 대해 알아보기 - 시대별 인구 분포 알아보기 • 인구 구조의 변화 알아보기 - 저출산, 고령화의 개념 알아보기 ⚙ **배움 2. 지역별 인구 데이터 살펴보기** ○ 지역별 인구 분포에 대한 데이터 살펴보기 • 각 지역별로 시대별 인구수 데이터 살펴보기 - 1970~2020년대의 지역별 인구수 살펴보기	(자) PPT, 활동지 (자) PPT, 활동지 (자) PPT, 활동지

	⚙️ 배움 3. 데이터 전처리와 시각화하기	(자) PPT, 활동
	○지역별 인구 분포에 대한 데이터 전처리하기	지, 포스트잇
	• 각 지역별로 시대별 인구수 데이터를 살펴보고 표로 정리하기	
	○지역별 인구 분포에 대한 데이터 시각화하기	
	• 인구 분포 데이터를 꺾은선그래프로 나타내기	
	- 꺾은선그래프를 그리는 방법과 특징 파악하기	
	- 데이터를 꺾은선그래프로 표현하기	
	배움 4. 발생할 문제 예상하기	
	○발생할 문제 예상하기	
	• 4학년 사회과 교육과정 복습하기	
	• 데이터를 보고 발생할 문제 브레인스토밍하기	
	• 발생할 문제를 포스트잇에 적어 칠판에 붙이기	
	• 발생할 문제를 유목화하여 전문가 집단 형성하기	
배움정리 (3')	⚙️ 배움 활동 정리	(자) PPT
	• 우리나라 인구 구조를 살펴보고 발생할 문제를 예측해 본 소감 이야기하기	
	⚙️ 차시 예고	
	• 다음 시간에 배울 배움 주제 확인하기	
	- AI와 함께 문제 해결방법 조사하기	

🤖 활동 목적

    먼저 시대별 인구 구성의 변화와 인구 구조의 구성 요소, 인구 구조 피라미드 등을 교과서에서 제시하는 자료와 함께 간단하게 학습하여 교육과정에서 배워야 할 핵심 개념을 파악합니다.

이후 배움 2에서는 교사가 제시하는 데이터를 통해 시대별, 지역별로 인구수 변화가 어떤 식으로 이루어졌는지를 확인합니다. 활동지를 통해 특정 지역의 인구 변화가 어떻게 되었는지 기입하는 활동을 통해 데이터를 조금 더 꼼꼼하게 살펴볼 수 있도록 합니다.

다음 배움 3에서 그래프로 나타내기 전 데이터들을 먼저 표로 정리합니다. 이미 표로 정리된 데이터를 교사가 제시하지만, 이는 매년 각 지역의 인구수 모두가 표현되어 있으므로 그래프를 그리기 위한 표로는 적절하지 않습니다. 따라서 학생들이 스스로 필요한 데이터만을 선별할 수 있도록 전처리합니다. 그리고 전처리된 데이터를 그래프를 통해 시각화합니다. 이는 이전까지의 데이터를 분석하여 데이터의 경향성을 예측하는 과정에 필요한 근거이기 때문입니다.

🤖 활동 방법

배움 1에서 교과서나 PPT를 통해 핵심 개념을 살펴봅니다.

배움 2에서는 교사가 제시하는 인구수 자료(KOSIS, 나라통계 등)을 통해 시대별, 지역별 데이터를 학생들이 확인합니다. 그리고 활동지를 바탕으로 해당 데이터들을 하나하나씩 살펴볼 수 있는 기회를 제공합니다.

배움 3에서 학생은 지역을 하나 선택한 뒤, 그 지역이 시대별로 인구수가 어떻게 변해 왔는지를 표로 나타냅니다. 이때 각 연도별로 모두 적는 것이 아니라 꺾은선그래프의 특징인 변화가 잘 드러나게끔 연도를 선택하여 기입하는 것이 중요합니다. 그리고 표로 정리된 데이터를 그래프로 나타냅니다.

배움 4에서는 그래프를 통해 발생할 문제를 예측합니다. 학생 스스로 문제를 예측할 수 있어야 프로젝트에 대해 주체성을 가지고 접근할 수 있습니다. 그리고 자신이 생각한 문제를 포스트잇에 적어 칠판에 공유합니다. 교사는 포스트잇의 문제들을 같은 종류/범주의 문제들을 하나의 그룹으로 엮습니다. 그리고 범주화된 문제는 하나의 그룹이 되어 그 문제를 제시한 학생들끼리 전문가 집단을 형성시킵니다.

◆◆ 활동 팁 ◆◆

- '프로젝트의 빠른 진행을 위해 배움 1은 다소 강의식으로 진행할 것을 추천합니다.
- 배움 3에서 데이터 시각화 수단인 꺾은선그래프에서의 변화가 잘 드러나도록 하기 위해 데이터를 표로 나타내는 전처리 과정 중 변화가 잘 드러나는 연도를 선택할 수 있도록 지도합니다.
- 배움 3에서 꺾은선그래프를 그리는 방법을 사전에 복습하면 학생들이 원활하게 꺾은선그래프를 그릴 수 있습니다.
- 발생할 문제를 예상할 때 4학년 교육과정 중 '도시와 촌락에서 발생할 문제'의 내용을 다시 한번 상기시켜 주면 다양한 문제들을 학생들이 발견해 낼 수 있습니다.

| 1~2차시 | 지역별 인구 데이터를 알아봅시다. | 학년   반
이름: |

■ **1번. 내가 선택한 행정 구역의 인구 수를 표로 나타내봅시다.**

내가 선택한 행정 구역 :( )	
연도(년)	인구 수(명)

■ **2번. 내가 선택한 행정 구역의 인구 수를 그래프로 나타내봅시다.**

■ **3번. 꺾은선 그래프를 보고 알 수 있는 점을 이야기해봅시다.**

■ 4번. 생각 그물을 활용하여 발생할 수 있는 문제를 생각나는 대로 적어봅시다.

■ 5번. 내가 예상한 문제를 포스트잇에 적어봅시다.

■ 6번. 공통점을 가진 문제들을 기준을 세워 평가해봅시다.

기준	점수	문제		
		1	2	3
지역의 인구와 관련된 문제인가요?	(3 / 2 / 1)			
해결 가능한 문제인가요?	(3 / 2 / 1)			
(내가 생각하는 기준)	(3 / 2 / 1)			

■ 7번. 점수가 가장 높은 문제를 정해봅시다.

3~4차시

배움단계 (시량)	교수·학습활동	자료(자) 및 유의점(유)

배움열기
(7')
	⚙ **동기 유발**
	• 전시학습 상기하기
	• 인구가 많은 지역과 적은 지역에서 발생하는 문제가 무엇인지 복습하기
	
	⚙ **배움 목표**
	• 배움 목표 알아보기
	  뤼튼을 통해 문제 해결 방법 찾아보기
	
	⚙ **배움 순서**
	• 배움 순서 알아보기
	  배움 1. 전문가 집단을 형성하여 해결 방법 생각하기
	  배움 2. 뤼튼 사용법 익히기
	  배움 3. 뤼튼으로 해결 방법 조사하기
	  배움 4. 토의를 통해 해결 방법 정리하기
		(자) 교과서,
		PPT, 활동지

배움활동 (70')	⚙ **배움 1. 전문가 집단을 형성하여 해결 방법 생각하기** ○ 전문가 집단을 형성하여 해결 방법 생각하기 • 유목화된 문제로 형성된 그룹끼리 모이기 • 기준을 세워 문제 선별 및 명확화하기 • 문제에 대한 해결 방법 생각하기 ⚙ **배움 2. 뤼튼 사용법 익히기** ○ 뤼튼 사용법 익히기 • 구글 로그인하기 • 뤼튼의 사용법을 알고 질문하기	(자) PPT, 활 동지 (자) PPT, 활 동지 (자) PPT, 활 동지

	⚙️ **배움 3. 뤼튼으로 해결 방법 조사하기**	(자) PPT, 활
	○ 뤼튼으로 해결 방법 조사하기	동지, 포스트
	• 각 전문가들이 선정한 문제에 대해 해결 방법을 질	잇
	문하기	
	• AI가 제시한 해결 방법과 인터넷 검색을 통해 찾은	
	해결 방법 비교하기	
	• 할루시네이션 효과 및 AI윤리 지도하기	
	⚙️ **배움 4. 토의를 통해 해결 방법 정리하기**	
	○ 토의를 통해 해결 방법 정리하기	
	• 뤼튼과 인터넷 검색을 통해 조사한 해결 방법을 전	
	문가들과 함께 정리하기	
	• 기준을 세워 해결 방법 정리하기	
	• 조사 보고서로 나타내기	
배움정리	⚙️ **배움 활동 정리**	(자) PPT
(3')	• AI와 함께 문제의 해결 방법을 찾아본 소감 나누기	
	⚙️ **차시 예고**	
	• 전문가들과 함께 다양한 문제에 대한 해결 방법 공	
	유하기	

🤖 **활동 목적**

해당 차시에서는 유목화된 문제를 바탕으로 전문가 집단을 형성합니다. 개인별 활동이 아니라 전문가 집단을 형성하는 이유는 그들이 제시한 문제의 해결 방법을 찾는 데 다양한 의견이 필요하고, 동료 전문가들과 협의를 하는 과정에서 자신의 언어로 이해할 수 있는 기회가 생기며 의사소통 능력을 길러 줄 수 있기 때문입니다. 또한 본 차시에서는 뤼튼이라는 대화형 AI를 사용하는데 해당 AI는 여느 대화형 AI와 다르게 출처 표기를 통해 할루시네이션 현상을 방지하고, 프로그램 정책상 본 프로그램의 사용 연령 기준이 교육적 목적에 한해 만 14세 이하의 학생도 사용 가능하기에 해당 프로그램을 선택하게 되었습니다. 그리고 AI 윤리 교육을 함께 진행하기 위해 AI를 통해 얻은 정보가 사실인지 확인하기 위해 검색 엔진(네이버, 구글 등)을 사용해 점검하는 활동도 함께 하였습니다.

🤖 활동 방법

배움 1에서는 먼저 전문가 집단에서 다양한 기준을 바탕으로 문제를 세웁니다. 본 수업에서는 점수를 바탕으로 문제를 선택하고 이러한 문제에 대한 해결 방법을 먼저 전문가들의 사전 지식으로 구성하게 합니다. 배움 2에서는 뤼튼의 사용방법을 익힙니다. 사전에 구글 로그인이 완료된 상태에서 학생들은 뤼튼에 가입하여 적절한 AI모델을 선택하여 질문을 하고 답을 얻는 과정에 대해 알게 됩니다. 배움 3에서 자신들이 생각한 해결 방법과 AI가 제시한 해결 방법을 비교하고, 검색을 통해 정보의 정확성을 점검합니다. 배움 4에서 조사를 마친 전문가들은 그들의 해결 방법을 취합하여 같은 문제의 다른 전문가들과 협의를 통해 기준을 세워 해결 방법을 정선하여 정리합니다.

문제나 해결 방법을 정선하기 위한 기준은 현실적이고, 실현 가능한지에 대해 초점을 맞춰 세울 수 있도록 교사의 안내가 필요합니다.

3~4차시	**<u>Wrtn(뤼튼)으로 해결 방법 조사하기</u>**	학년 반 이름:

■ **1번. 내가 선별한 문제는 무엇인가요?**

■ **2번. 내가 생각하는 문제의 해결 방법은 무엇인가요?**

■ **3번. <u>Wrtn(뤼튼)</u> AI를 통해 문제의 해결 방법을 알아봅시다.**

순서	**<u>Wrtn(뤼튼)</u> AI가 제시한 해결 방법**
1	
2	
3	

■ 4번. 전문가들이 찾은 해결 방법에 장점과 단점을 찾아 이야기해봅시다.

	이름	이름	이름
의견			
장점			
단점			

■ 5번. 전문가들의 문제들을 기준을 세워 평가해봅시다.

기준	점수	해결 방법		
		1	2	3
실천 가능한 해결 방법인가요?	(3 / 2 / 1)			
문제를 해결하는 것과 관련있는 해결 방법인가요?	(3 / 2 / 1)			
(내가 생각하는 기준)	(3 / 2 / 1)			

■ 6번. 전문가 모임에서 정한 문제의 해결 방법들을 정리해봅시다.

5~6차시

배움단계 (시량)	교수 · 학습활동	자료(자) 및 유의점(유)
배움열기 (7')	⚙️ **동기 유발** • 전시학습 상기하기 ⚙️ **배움 목표** • 배움 목표 알아보기 지역별 인구 문제를 해결할 수 있는 방안을 보고서 로 만들기 ⚙️ **배움 순서** • 배움 순서 알아보기 배움 1. 캔바 사용 방법 익히기 배움 2. 캔바로 조사보고서 작성하기	(자) PPT, 활 동지
배움활동 (70')	⚙️ **배움 1. 캔바 사용 방법 익히기** ○캔바 사용 방법 익히기 • 구글 로그인하기 • Canva(캔바)로 홍보물 만드는 방법 알기 • Canva(캔바)로 생성형 이미지 만들기 ⚙️ **배움 2. 캔바로 조사보고서 만들기** ○캔바로 홍보물 만들기 • 조사한 내용과 친구 가르치기 활동을 통해 알게 된 내용을 정리하기 • 캔바를 이용해 문제에 대한 해결 방법을 홍보물로 만들기	(자) PPT (자) PPT, 활 동지 (자) PPT, 결 과물

배움정리 (3')	⚙️ 배움 활동 정리 • 프로젝트를 진행하며 알게 된 내용 공유하기 • 프로젝트 진행 소감 나누기 ⚙️ 차시 예고	(자) PPT

 활동 목적

해당 차시에서는 이전까지 조사했었던 내용을 정리하여 하나의 보고서로 나타내는 활동을 합니다. 캔바의 이미지 생성형 AI와 '마법의 가루'로 표현되는 문법적 오류나 말투 수정과 같은 문맥 다듬기 AI를 비계로 사용하여 보다 완성도 있는 조사 보고서를 만듭니다. 이렇게 만들어진 조사 보고서는 다음 차시의 전문가 협동 학습에서 활용되기에 이를 학생들에게 미리 제시한다면 훨씬 주체적으로 학습에 임하고자 하는 모습을 볼 수 있습니다.

 활동 방법

먼저 배움 1에서 캔바의 사용 방법에 대해 익힙니다. 배움 2에서는 활동지를 통해 자신이 프로젝트를 진행하며 알게 된 내용과 친구들과의 문답을 통해 새롭게 알게 된 내용을 정리합니다. 이후 캔바를 통해 정리한 내용을 홍보물의 형태로 나타냅니다. 이때 캔바의 AI 기능인 생성형 이미지 제작 기능과 문장을 다듬는 기능을 활용합니다.

◆◆ 활동 팁 ◆◆

- 학생들의 구글 로그인이 사전에 이루어져야 원활한 수업이 가능합니다.
- 캔바를 이용할 때 생성형 이미지와 다양한 색상, 글꼴을 사용하여 홍보물을 만들 수 있도록 교사의 안내가 필요합니다.
- 홍보물 제작할 때는 국어 5-1. 6단원 '주장하는 글쓰기'의 구조를 차용하여 정보의 가시성을 강조하여야 합니다.
- 캠페인 활동의 경우, 본 프로젝트에서는 현실적 이유로 인해 홍보물을 부착하는 형태로 진행했지만 홍보물과 함께 편지를 써 관공서에 전달하기 등 다양한 형태로 진행하실 수 있습니다.

7차시

배움단계 (시량)	교수·학습활동	자료(자) 및 유의점(유)
배움열기 (5')	⚙ **동기 유발** • 전시학습 상기하기 ⚙ **배움 목표** • 배움 목표 알아보기 　전문가가 되어 친구 가르치기 ⚙ **배움 순서** • 배움 순서 알아보기 　배움 1. 친구를 가르치며 질문 묻고 답하기	(자) 교과서, PPT, 활동지
배움활동 (25')	⚙ **배움 1. 친구를 가르치며 질문 묻고 답하기** ○ 전문가가 되어 친구 가르치고 질문에 묻고 답하기 • 팀 내에서 전문가/배움 조 역할 정하기 • 배움 조가 되어 다른 팀의 해결 방법에 질문 만들어 묻기 • 전문가 조가 되어 친구 가르치고, 질문에 답하기 • 역할 바꿔 활동하기	(자) PPT, 활 동지
배움정리 (10')	⚙ **배움 활동 정리** • 전문가가 되어 친구 가르치고 난 소감 이야기하기 • 새롭게 알게 된 내용 공유하기 ⚙ **차시 예고** • 해결 방법을 홍보물로 만들어 캠페인 활동하기	(자) PPT

활동 목적

해당 차시는 이때까지 자신의 팀에서 선택한 문제에 대해서 조사하고 전문가가 되었다면 다른 친구들이 선택한 문제의 해결 방법에는 어떤 것들이 있는지 알아볼 수 있는 시간입니다. 또래 학습자들과 함께 자신이 배웠던 내용을 공유하면서 질문을 만들고 묻고, 그 질문에 답하며 학습의 범위가 넓어질 수 있으며, 진정한 의미의 배움이 일어난다고 볼 수 있습니다.

활동 방법

본 차시는 하나의 배움 활동만 있습니다. 먼저 역할은 배움 조와 전문가 조로 분담하여 첫 번째 시간(약 10분) 동안 배움 조가 다른 전문가팀에 방문하여 그들이 생각하는 해결 방법에 대해 듣고, 질문을 만들어 묻고 답하게 됩니다. 그동안 전문가 조는 다른 전문가들이 방문하였을 때 자신들이 조사한 내용에 대해 가르쳐 주는 역할을 하게 됩니다. 두 번째 시간(다시 10분)이 되면 배움 조는 전문가 조로, 전문가 조는 배움 조로 역할을 바꿔 활동하게 됩니다. 정리 단계에서 각각의 조들이 무엇을 배웠는지, 새롭게 알게 된 내용과 친구들이 질문했던 내용 중에 인상 깊었던 것, 소감에 대해 이야기하며 학습을 마무리하게 됩니다.

7차시	전문가가 되어 친구 가르치기	학년 반 이름:

■ 내가 선별한 문제는 무엇인가요?

문제	문제에 대한 해결책	내가 만든 질문/의견	전문가가 답한 내용

평가영역	평가항목	잘함	보통	미흡
인지적 영역	지역별 인구 데이터를 보고 문제를 예상하며, 그에 따른 해결 방법을 찾아낼 수 있는가?			
	자신/모둠에서 찾은 해결 방법을 친구들에게 이해하기 쉽게 설명할 수 있는가?			

인구 구조와 분포를 통해 각 지역에서 발생할 수 있는 문제를 예상하고 그 해결 방법을 찾아 친구들에게 설명해 봅시다.

💡 이런 활동도 할 수 있어요

1. 지역 선택 시 자신이 살고 있는 지역을 바탕으로 인구 구성과 시대별 인구 분포에 대해서 알고, 생기는 문제와 해결 방법을 공유하는 활동도 할 수 있습니다.
2. 조사한 내용을 캔바로 프레젠테이션을 만들어 친구들 앞에서 발표하여 프로젝트를 마무리하실 수 있습니다.
3. 다양한 방식으로 캠페인을 진행하실 수 있습니다. '관공서에 편지쓰기', '영상으로 만들어 캠페인 활동하기' 등 학교 상황에 맞게 구상하여 진행하실 수 있습니다.

〈그림 56~59〉 수업 장면

Q&A

 학생들의 수준에서 어려운 내용은 아닐까요?

 전문가 팀으로 구성하여 사전에 복습이 충분히 이뤄진다면 학생 수준에서 충분히 가능한 수업입니다. 다만 해결 방안 이 다소 불명확하더라도 학생 수준을 고려했을 때 인정하 여 평가하도록 합니다.

 각 지역별 실질적 인구 구조에 대해서는 다루지 않나요?

 각 지역별 인구 구조에 대해 다루기 위해서 따로 차시를 구 성하여 진행하셔도 됩니다. 다만 본 프로젝트의 목적이 시 대별, 지역별 인구수를 보고 발생할 수 있는 문제에 대한 해 결 방법을 찾는 것이기에 지역별 인구 구조(청소년층, 장년 층 등)까지 다룬다면 초등학생 교육과정의 수준을 벗어날 수 있습니다.

🔍 | 그래프를 활용한 무역 신문 만들기

대상 학년   5~6학년

대상 과목   사회, 수학, 국어

핵심 성취 기준   [6수05-04] 자료를 수집, 분류, 정리하여 목적에 맞는 그래프로 나타내고, 그래프를 해석할 수 있다.

[6사06-06] 다양한 경제 교류 사례를 통해 우리나라 경제가 다른 나라와 상호 의존 및 경쟁 관계에 있음을 파악한다.

[6국03-03] 목적이나 대상에 따라 알맞은 형식과 자료를 사용하여 설명하는 글을 쓴다.

활용 AI 플랫폼   뤼튼(Wrtn), 그래피(Graphy), 캔바(Canva)

차시별 흐름	
차시	주제
1~2	무역의 의미를 알고 우리나라와 무역을 하는 나라들 알기
3~4	무역 신문을 살펴보고, 경제 교류 사례 조사하기
5~6	수집한 자료를 표로 나타내고, 조사한 결과를 다양한 그래프로 나타내기
7~8	신문 기사를 작성하여 우리 모둠의 무역 신문 만들기
9	무역 신문 발간회를 열고, 다른 나라와의 무역 사례 정리하기

이 수업은 학생들이 국가 간의 경제 교류, 즉 무역이라는 개념을 보다 실질적이고 주도적으로 학습할 수 있도록 구성되었습니다. 학생들이 직접 자료를 조사하고 분석하여, 이를 기반으로 무역 신문을 제작하는 과정을 통해 경제 개념에 대한 이해를 깊이 있게 확장하는 것이 주요 목표이며, 수치 데이터를 직접 표와 그래프로 변환하는 경험 또한 하게 됩니다.

특히, '뤼튼', '그래피', '캔바'와 같은 AI 툴을 활용하여 학생들이 실제로 데이터를 수집하고 그래프로 시각화하여 신문을 디자인할 수 있도록 합니다. 또한 학생들은 우리나라와 다른 나라의 무역 관계를 조사하며, 경제적 상호작용이 일상생활에 어떤 영향을 미치는지 체감할 수 있게 됩니다. 이러한 경험은 학생들이 세계시민으로서 지구촌 경제에 대한 관심을 키우고, 보다 넓은 시각에서 세상을 바라볼 수 있는 기회를 제공할 것입니다.

🤖 수업 전 준비사항

먼저 '뤼튼'과 '그래피', '캔바' 활용을 위한 학생용 Google 계정을 생성해야 합니다. 개인별 스마트 단말기가 있으면 좋겠지만, 최소 모둠별 2대 이상의 스마트 단말기가 구비되어 있으면 원활한 수업이 가능합니다.

배움단계 (시량)	교수·학습활동	자료(자) 및 유의점(유)
배움열기 (10')	⚙️ **학습 동기 유발** • 석유를 사용하는 여러 상황을 떠올려 보며, 우리나라에서 나지 않는 석유가 어디서 왔는지 생각해 보기 ⚙️ **배움 목표** • 배움 목표 알아보기 나라와 나라 사이에 경제 교류가 필요한 까닭을 알 수 있다. ⚙️ **배움 순서** • 배움 순서 알아보기 배움 1. 무역의 의미 알기 배움 2. 우리나라와 무역을 하는 다른 나라들	(자) 교과서, PPT (유) 우리나라에서 생산되지 않지만 접할 수 있는 다양한 물건들을 예시로 듭니다.

배움활동
(60')
	⚙️ **배움 1. 무역의 의미 알기**
	○ 경제 교류가 필요한 까닭 알아보기
	• 서로 다른 두 나라가 경제 교류를 하는 배경 생각하기
	  - 나라마다 자연환경, 자원, 기술, 노동력 등이 다르기 때문임을 알기
	• 여러 나라가 경제 교류를 하는 까닭 생각하기
	  - 두 나라 모두 경제 교류 이전에는 사용할 수 없었던 물건을 사용할 수 있기 때문
	  - 각 나라가 더 잘 만들 수 있는 물건이나 서비스를 생산하고 서로 교류하면 이익을 얻을 수 있기 때문
	○ 무역의 의미와 관련된 용어 알아보기
	• 무역, 수출, 수입의 의미 알기
	  - 나라와 나라 사이에 물건이나 서비스를 사고파는 것을 무역이라고 함
		(자) PPT
		(유) 기술의 차이가 나라 간 발전의 차이로 생각하지 않도록 주의하여 지도합니다.

	- 무역을 할 때 다른 나라에 물건이나 서비스를 파는 것을 수출이라고 함 - 무역을 할 때 다른 나라에서 물건이나 서비스를 사 오는 것을 수입이라고 함 ⚙ 배움 2. 우리나라와 무역을 하는 다른 나라들 ○ 그래프로 우리나라의 무역 현황 파악하기 • 우리나라가 주로 수출하고 수입하는 물품 알기 • 우리나라가 주로 무역하는 국가들 알기 ○ 모둠별로 조사할 국가 선정하기 • 무역은 우리가 잘 모르는 나라들과도 이루어지고 있다는 것을 사례로 알기 • 큰 무역액이 아니더라도 모두 필요에 의한 무역임을 알기 • 모둠별로 무역 사례를 조사할 한 가지 국가 선정하기	
배움정리 (10')	⚙ 배움 활동 정리 • 배움 활동 정리 - 나라와 나라 사이의 경제 교류가 필요한 까닭 정리하기 ⚙ 차시 예고 • 다음 시간에 배울 배움 주제 확인하기 - 우리나라와 다른 나라의 경제 교류 사례 조사하기	(자) PPT

배움 1

🤖 활동 목적

1) 나라와 나라 경제 교류가 필요한 까닭을 알 수 있습니다.
2) 무역의 의미와 관련된 용어들을 알 수 있습니다.

🤖 활동 방법

1) 경제 교류가 필요한 까닭 알아보기(교과서)
  - 서로 다른 두 나라가 경제 교류를 하는 배경에는 나라마다 자연환경, 자원, 기술, 노동력 등이 다르기 때문임을 알기
  - 여러 나라가 경제 교류를 하면서 이전에는 사용할 수 없었던 물건을 사용할 수 있음을 알기
  - 각 나라가 더 잘 만들 수 있는 물건이나 서비스를 생산하고 서로 교류하면 이익을 얻을 수 있음을 알기
2) 무역의 의미와 관련된 용어 알아보기(교과서)
  - 무역, 수출, 수입의 의미 알기

◆◆ 활동 팁 ◆◆

1) 본 차시는 나라 사이의 경제교류가 무엇인지 알고 무역의 개념을 배우는 것이 목적이므로 교과서로 수업을 진행하는 것이 좋습니다.

활동 목적

1) 자료를 통해 우리나라의 무역 현황을 파악할 수 있습니다.
2) 모둠별로 무역 사례를 조사할 국가를 선정할 수 있습니다.

활동 방법

1) 그래프로 우리나라의 무역 현황 파악하기
   - 우리나라가 주로 수출하고 수입하는 물품 알기
   - 우리나라가 주로 무역하는 국가들 알기
2) 모둠별로 조사할 국가 선정하기
   - 무역은 우리가 잘 모르는 나라들과도 이루어지고 있다는 것을 사례로 알기
   - 큰 무역액이 아니더라도 모두 필요에 의한 무역임을 알기
   - 모둠별로 무역 사례를 조사할 한 가지 국가 선정하기

◆◆ 활동 팁 ◆◆

1) 교과서에 제시되어 있는 표를 활용하되 자료가 부족할 경우, 교사가 온라인에서 찾아 제시하는 것도 좋습니다.
2) 모둠별로 조사할 국가를 선정하면서 모둠 사이에 국가가 겹치지 않게 하여, 다양한 국가들과의 경제 교류 사례를 살펴볼 수 있도록 하는 것을 권장합니다.

3~4차시

배움단계 (시량)	교수·학습활동	자료(자) 및 유의점(유)
배움열기 (10')	⚙️ **전시학습 상기 및 동기 유발** • 전시학습 상기 　- 무역이 무엇인지 알고, 무역의 필요성 떠올리기 • 동기 유발 　- 우리가 가지고 있는 물건이 어디서 왔는지 찾아보기 　- 다양한 나라에서 온 물건들이 어떻게 왔을지 생각 　　해 보기 ⚙️ **배움 목표** • 배움 목표 알아보기 　우리나라와 다른 나라의 경제 교류 사례를 조사할 　수 있다. ⚙️ **배움 순서** • 배움 순서 알아보기 　배움 1. 무역 신문 살펴보기 　배움 2. 경제 교류 사례 조사하기	(자) PPT
배움활동 (60')	⚙️ **배움 1. 무역 신문 살펴보기** ○ 신문이 무엇인지 알아보기 • 신문의 역할과 특징 살펴보기 　- 신문을 통해 새로운 정보를 알려 줄 수 있음을 알기 • 신문의 구성 살펴보기 　- 신문의 제목, 발간일, 광고 등이 있음을 알기 　- 기사가 큰 제목과 줄글 형식으로 이루어짐을 알기 　- 다양한 사진, 그래프, 표 등이 활용되는 것을 알기	(자) PPT, 활 동지

4부. AI 활용교육 프로젝트　227

	○ 무역 신문 구성하기 • 무역 신문에는 어떤 내용이 들어갈지 생각하기 　- 연도별로 수출이나 수입액의 변화 　- 가장 많이 수출되거나 수입하는 물건, 서비스 　- 최근 많이 수출되거나 수입하는 물건, 서비스 　- 위 내용들을 통해 알 수 있는 국가별 무역의 특징 ⚙️ 배움 2. 경제 교류 사례 조사하기 ○ '뤼튼' 활용법 알기 • '뤼튼' 회원가입 및 로그인하기 • 원하는 정보를 찾을 때 '뤼튼'이 하는 역할 살펴보기 ○ '뤼튼'을 활용하여 무역 데이터 수집하기 • 모둠별로 선정한 국가와 우리나라의 무역 관련 데이터를 수집하고 활동지에 정리하기 　- 그래프로 변환할 수 있는 다양한 수치 데이터를 포함하여 조사할 수 있도록 지도하기	(자) 스마트 단말기, 활동지 (유) 생성형 AI에서 찾은 자료의 출처가 정확한지 확인하도록 합니다.
배움 정리 (10')	⚙️ 배움 활동 정리 • 배움 활동 정리 　- 우리나라와 다른 나라의 경제 교류 사례 알기 ⚙️ 차시 예고 • 다음 시간에 배울 배움 주제 확인하기 　- 조사한 자료를 다양한 그래프로 나타내기	(자) PPT

활동 목적

1) 신문이 무엇인지 알 수 있습니다.

2) 무역 신문에 들어갈 내용을 구성할 수 있습니다.

활동 방법

1) 신문이 무엇인지 알아보기

   - 신문의 역할과 특징 살펴보기

   - 신문의 구성 살펴보기

2) 무역 신문 구성하기

   - 무역 신문에는 어떤 내용이 들어갈지 생각해 보기

◆◆ 활동 팁 ◆◆

1) 요즘 아이들이 실제 신문을 접하기 어렵기 때문에, 신문을 모둠 수만큼 준비하여 직접 살펴보며 신문의 역할과 특징, 그리고 신문의 구성을 알 수 있도록 합니다.

2) 모둠별 무역 신문을 구성할 때, 신문의 구성에 집중하는 것보다 영양가 있는 내용에 더 무게를 둘 수 있도록 합니다.

활동 목적

1) '뤼튼'의 활용법을 알 수 있습니다.

2) '뤼튼'을 활용하여 무역 데이터를 수집할 수 있습니다.

활동 방법

1) '뤼튼' 활용법 알기

  - '뤼튼' 회원가입 및 로그인하기

  - 원하는 정보를 찾을 때 '뤼튼'에 명령하는 방법 알기

2) '뤼튼'을 활용하여 무역 데이터 수집하기

  - 모둠별로 선정한 국가와 우리나라의 무역 관련 데이터를 수집하고
    활동지에 정리하기

◆◆ 활동 팁 ◆◆

1) '뤼튼'을 시작하기 전, 구글 계정 등으로 회원가입을 할 수 있게 준비를 합니다. 만 14세 미만은 회원가입 후 법정 대리인의 휴대폰 인증이 필요합니다.

2) '뤼튼'을 활용해 무역 관련 데이터를 조사할 때, 그래프로 변환할 수 있는 다양한 수치 데이터를 포함하여 조사할 수 있도록 지도합니다.

| 무역신문
3~4차시 | **'퀵튼'을 활용한 무역 사례 조사** | 학년 반
이름: |

■ 무역 신문에는 어떤 내용이 들어가면 좋을까요?

■ 우리 모둠이 선정한 국가는 어디인가요?

■ '퀵튼'을 활용하여 무역과 관련된 다양한 데이터를 정리해봅시다.

5~6차시

배움단계 (시량)	교수·학습활동	자료(자) 및 유의점(유)

배움열기
(10')
	⚙️ **전시학습 상기 및 동기 유발**
	• 전시학습 상기
	 - 우리나라와 다른 나라의 경제 교류 사례 조사
	  하기
	• 동기 유발
	 - 지금까지 배운 여러 가지 그래프 살펴보기
	 - 여러 가지 그래프가 어떤 상황에서 사용하는
	  것이 좋은지 비교해 보기
	
	⚙️ **배움 목표**
	• 배움 목표 알아보기
	 조사한 자료를 다양한 그래프로 나타낼 수 있다.
	
	⚙️ **배움 순서**
	• 배움 순서 알아보기
	 배움 1. 수집한 자료를 표로 나타내기
	 배움 2. 조사한 결과를 다양한 그래프로 나타내기
		(자) PPT

배움활동 **(60')**	⚙️ **배움 1. 수집한 자료를 표로 나타내기** ○ 수집한 자료 분류, 선정하기 • 조사한 자료 중 그래프로 나타낼 수 있는 자료 분류하기 • 중복되는 자료나 그래프로 나타내기 적절하지 않은 자료 제외하여 표로 나타낼 자료 선정하기 ○ 수치 자료를 표로 나타내기 • 조사한 자료의 각 항목을 표로 정리하기 - 표의 제목과 항목의 단위 기록하기	(자) PPT, 활동지 (유) 조사한 자료 의 수치가 너무 큰 경우, 항목의 단위 를 십만, 백만 등 으로 잡아 간단하 게 만듭니다.

	⚙ 배움 2. 조사한 결과를 다양한 그래프로 나타내기	(자) PPT, 활동지, 스마트단말기
	○ 그래피 활용법 알기	(유) '그래피'는 한
	• 그래피 회원가입 및 로그인하기	글을 지원하지 않
	• 그래피 사용법 알아보기	으므로, 교사가
	○ 그래피를 활용하여 다양한 그래프로 나타내기	사용법을 화면에
	• 그래피에 정리한 표 입력해서 그래프로 변환하기	띄워서 직접 보여
	• 조사 결과에 어울리는 그래프로 바꾸기	주며 학생들이 익
	- 꺾은선그래프, 원그래프, 막대그래프 등	히게 합니다.
	• 그래프의 제목과 항목의 단위 입력하기	

배움정리
(10')
	⚙ 배움 활동 정리
	
	• 배움 활동 정리
	  - 조사한 자료를 다양한 그래프로 나타내기
	
	⚙ 차시 예고
	
	• 다음 시간에 배울 배움 주제 확인하기
	  - 여러 가지 그래프를 활용한 무역 신문 만들기
		(자) PPT

활동 목적

1) '뤼튼'으로 수집한 자료 중 그래프로 나타낼 자료를 분류할 수 있습니다.

2) 조사한 수치 자료를 표로 나타낼 수 있습니다.

활동 방법

1) '뤼튼'으로 수집한 자료 분류, 선정하기

　- 조사한 자료 중 그래프로 나타낼 수 있는 자료 분류하기

　- 중복되는 자료나 그래프로 나타내기 적절하지 않은 자료는 제외하

　　고 표로 나타낼 자료 선정하기

2) 조사한 수치 자료를 표로 나타내기

　- 조사한 자료의 각 항목을 표로 정리하기

◆◆ 활동 팁 ◆◆

1) 모둠원들이 각자 조사한 자료를 함께 모아 중복된 자료를 분류하고, 표와 그래프로 만들기 적절한 자료를 선정하는 것이 좋습니다.

2) 조사한 자료의 수치가 소수점까지 있을 때에는, 적절한 위치에서 반올림 하여 표로 나타낼 수 있도록 합니다.

활동 목적

1) 그래피의 활용법을 알 수 있습니다.
2) 그래피를 활용하여 조사한 결과를 다양한 그래프로 나타낼 수 있습니다.

활동 방법

1) 그래피 활용법 알기
 - 그래피 회원가입 및 로그인하기
 - 그래피 사용법 알아보기
2) 그래피를 활용하여 다양한 그래프로 나타내기
 - 그래피에 정리한 표 입력해서 그래프로 변환하기
 - 조사 결과에 어울리는 그래프로 바꾸기
 - 그래프의 제목과 항목의 단위 입력하기

1) 그래피는 Google 계정으로 누구나 회원가입을 할 수 있으므로 미리 계정을 준비해 둡니다.

2) 그래피는 한글을 지원하지 않으므로 교사가 먼저 조작법을 알려 준 후 학생들이 할 수 있게 합니다. 사이트 구성이 매우 간단하여 한 번만 알려 주어도 모두 할 수 있습니다.

3) 여러 가지 그래프를 살펴보며, 각 그래프가 가지는 특징을 먼저 살펴본 후 학생들이 본인이 조사한 결과에 어울리는 그래프를 스스로 선택할 수 있도록 합니다.

<table>
<tr><td>무역신문
5~6차시</td><td>조사한 자료를 표로 나타내기</td><td>학년 반
이름:</td></tr>
</table>

■ 우리 모둠에서 조사한 수치 자료를 표로 나타내어 봅시다.

예)

우리나라의 콜롬비아 연도별 수출액

(단위: 억 달러)

연도	2019	2020	2021	2022	2023
수출액	14	11	13	14	15

7~8차시

배움단계 (시량)	교수·학습활동	자료(자) 및 유의점(유)

배움열기
(10')
	⚙️ **전시학습 상기 및 동기 유발**
	
	• 전시학습 상기
	  - '뤼튼'으로 조사한 자료를 그래피를 활용하여 다양한 그래프로 나타내기
	• 동기 유발
	  - 학생들이 직접 만든 다양한 종류의 신문 소개하기
	  - 신문 기사를 읽어 보며, 신문 기사의 특징 생각하기
	
	⚙️ **배움 목표**
	
	• 배움 목표 알아보기
	여러 가지 그래프를 활용한 무역 신문을 만들 수 있다.
	
	⚙️ **배움 순서**
	
	• 배움 순서 알아보기
	배움 1. 신문 기사 작성하기
	배움 2. 우리 모둠의 무역 신문 만들기
		(자) PPT

배움활동 (60')	⚙️ **배움 1. 신문 기사 작성하기** ○무역 신문 기사 작성하기 • 조사한 자료를 바탕으로 신문 기사 작성하기 - 그래피로 만든 그래프를 분석하여 기사 작성하기 • 모둠원들과 기사를 같이 읽어 보며 첨삭하기	(자) PPT, 활동지 (유) 신문 기사를 쓸 때 제목과 내용, 기자의 이름이 드러나도록 작성하게 합니다.

	⚙ **배움 2. 우리 모둠의 무역 신문 만들기**	(자) PPT, 활동지, 스
	○캔바 활용법 알기	마트단말기
	• 캔바 회원가입 및 로그인하기	(유) 실제 신문의 예
	• 캔바 사용법 알아보기	시를 보여 주며 학
	○캔바를 활용하여 무역 신문 만들기	생들이 신문을 만들
	• 동시 작업 기능을 활용하여 무역 신문 만들기	때 어떤 형식으로
	- 그래피로 만든 그래프 불러오기	만들어야 하는지 알
	- 신문 제목, 작성자, 발간일 넣기	게 합니다.
	- 신문 기사와 그래프 및 사진 등을 적절하게	(유) 교사도 동시 작
	배치하기	업에 참여하여 함께
	- 모둠에서 선정한 국가에 맞게 신문 꾸미기	수정을 도울 수 있
		게 합니다.
배움정리 **(10')**	⚙ **배움 활동 정리**	(자) PPT
	• 배움 활동 정리	
	- 여러 가지 그래프를 활용한 무역 신문 만들기	
	⚙ **차시 예고**	
	• 다음 시간에 배울 배움 주제 확인하기	
	- 무역 신문 발간회 열기	

활동 목적

1) 조사한 자료를 바탕으로 무역 신문 기사를 작성할 수 있습니다.

2) 기사를 읽고 글을 고쳐 쓸 수 있습니다.

활동 방법

1) 무역 신문 기사 작성하기

   - 조사한 자료를 바탕으로 신문 기사 작성하기

   - 모둠원들과 기사를 같이 읽어 보며 글 고쳐 쓰기

◆◆ 활동 팁 ◆◆

1) 신문 기사를 작성할 때, 그래프를 해석한 내용이 담기도록 글을 씁니다.

🤖 활동 목적

1) 캔바의 활용법을 알 수 있습니다.
2) 캔바를 활용하여 무역 신문을 만들 수 있습니다.

🤖 활동 방법

1) 캔바 활용법 알기
  - 캔바 회원가입 및 로그인하기
  - 캔바 사용법 알아보기
2) 캔바를 활용하여 무역 신문 만들기
  - 동시 작업 기능을 활용하여 무역 신문 만들기
  - 그래피로 만든 그래프 불러오기
  - 신문 제목, 작성자, 발간일 넣기
  - 신문 기사와 그래프 및 사진 등을 적절하게 배치하기
  - 모둠에서 선정한 국가에 맞게 신문 꾸미기

◆◆ 활동 팁 ◆◆

1) 교사가 캔바 교육용 계정을 먼저 생성 후 학생 계정을 한 번에 생성하여 배부합니다. 로그인 시 이메일 인증이 필요합니다.

2) 모둠원들이 동시 작업 기능으로 신문을 만들 때, 교사가 먼저 캔바에서 교사 및 모둠원들이 포함된 프로젝트를 생성하여 작업합니다. 이 방식은 모둠원들이 제작하는 과정을 교사가 볼 수 있고, 직접 수정도 용이합니다.

무역신문 7~8차시	무역 신문 기사 작성하기	학년 반 이름:

■ 조사한 자료들을 바탕으로 신문 기사를 작성해봅시다.

배움단계 (시량)	교수·학습활동	자료(자) 및 유의점(유)
배움열기 (5')	⚙ **전시학습 상기 및 동기 유발** • 전시학습 상기 및 동기 유발 　- 지금까지 수업한 프로젝트를 순서대로 살펴본다. ⚙ **배움 목표** • 배움 목표 알아보기 　무역 신문 발간회를 열 수 있다. ⚙ **배움 순서** • 배움 순서 알아보기 　배움 1. 무역 신문 발간회 열기 　배움 2. 다른 나라와의 무역 사례 정리하기	(자) PPT
배움활동 (30')	⚙ **배움 1. 무역 신문 발간회 열기** ○무역 신문 발간회 열기 • 모둠별로 완성한 무역 신문을 출력하여 전시하기 • 우리 모둠의 신문 발표하기 ⚙ **배움 2. 다른 나라와의 무역 사례 정리하기** ○다른 나라와의 무역 사례 정리하기 • 다른 모둠의 신문을 보고 새롭게 알게 된 점 정리하기	(자) PPT, 무역 신문 출력물 (자) PPT, 활 동지
배움정리 (5')	⚙ **배움 활동 정리** • 프로젝트 정리 　- 프로젝트를 통해 좋았던 점, 아쉬웠던 점, 새롭게 　　알게 된 점 정리하기	(자) PPT, 활 동지

활동 목적

1) 모둠별로 무역 신문 발간회를 열고 발표할 수 있습니다.

2) 다른 나라와 우리나라 사이의 무역 사례를 알고 정리할 수 있습니다.

활동 방법

1) 무역 신문 발간회 열기

　- 모둠별로 완성한 무역 신문을 출력하여 전시하기

　- 우리 모둠의 신문 발표하기

2) 다른 나라와의 무역 사례 정리하기

　- 다른 모둠의 신문을 보고 새롭게 알게 된 점 정리하기

◆◆ 활동 팁 ◆◆

1) 다른 모둠에서 조사한 다른 나라와 우리나라 사이의 경제 교류 사례를 보면서 우리나라가 많은 나라와 다양한 물품을 사고파는 것을 알 수 있도록 합니다.

무역신문 9차시	무역 신문 기사 작성하기	학년 반 이름:

■ 다른 모둠의 신문을 보고 새롭게 알게 된 점을 정리해봅시다.

■ 무역신문 프로젝트를 되돌아보며 아래를 정리해봅시다.

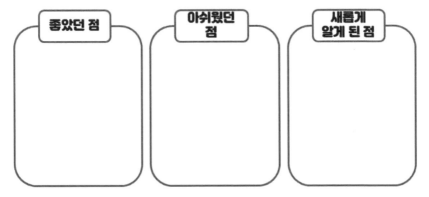

좋았던 점	아쉬웠던 점	새롭게 알게 된 점

1. 무역 게임

각 모둠이 자신들이 조사한 국가를 대표하여 무역 협상을 진행하고, 협상을 통해 국가 간의 무역 거래를 체험할 수 있습니다.

2. 문화 탐방 프로젝트

경제 교류가 활발한 국가를 중심으로, 그 나라의 문화, 역사, 생활 방식을 탐구하는 활동을 추가로 진행하면서 학생들은 무역 관계뿐만 아니라 해당 국가의 문화적 맥락까지 이해하게 되며, 보다 넓은 시각에서 국제 관계를 바라볼 수 있게 됩니다.

3. 경제 교류와 환경 문제의 관계 조사

무역 활동이 환경에 미치는 긍정적·부정적 영향을 분석하거나, 지속 가능한 무역의 필요성에 대해 탐구하는 프로젝트를 진행할 수 있습니다.

2024. 06. 19
우리나라와 일본의 무역 사례
우리나라의 연도별 일본 수출액

2015년에는 약 6,258억 달러, 2016년에는 약 6,453억 달러, 2017년에는 약 6,793억 달러, 2018년에는 약 7,383억 달러, 2019년에는 약 7,092억 달러, 2020년에는 약 6,413억 달러, 2021년에는 약 7,241억 달러로 2015년 ~2019년까지는 증가하다가 2020년에는 수출액이 약 6,413으로 많이 감소했고, 2021년에는 수출액이 약 7,241억 달러로 2020년보다 약 828억 달러 감소했다.

우리나라가 일본에 가장 많이 수출하는 물건별 비율

우리나라가 일본에 수출하는 품목 중 자동차 및 자동차 부문이 25%, 전자제품 및 부문이 20%, 기계류가 약 15%, 화학제품이 10%, 철강 및 금속제품이 10%, 기타가 20%이다. 우리나라는 주로 자동차 및 자동차 부품을 많이 수출하고, 철강 및 금속제품으로 가장 적게 수출한다.

1175 모둠(3모둠 : 안재원, 강지원, 박윤슬, 이해준)

〈그림 60~63〉 수업 장면

Q 그래프로 나타낸 자료를 해석할 때 학생들이 주의해야 할 점은 무엇인가요?

A 학생들이 그래프로 나타낸 자료를 해석할 때 주의해야 할 점은 그래프의 축, 단위를 정확히 이해하는 것입니다. 특히, 자료의 수치가 큰 경우 축의 단위가 변경되거나, x, y축의 방향을 바꾸어 그래프를 작성할 수 있으므로 주의해야 합니다. 또한, 그래프를 해석할 때 배경에 있는 맥락을 고려하는 것이 중요합니다. 숫자만 분석하는 것이 아닌 수치의 변화를 더 깊게 이해하도록 끊임없이 질문을 던져 주어야 합니다.

Q 캔바를 활용한 무역 신문 제작 시 주의해야 할 점은 무엇인가요?

A 캔바를 활용하여 무역 신문을 제작할 때 주의해야 할 점은 디자인 요소와 내용 간의 균형을 맞추는 것입니다. 학생들은 보통 신문의 시각적 요소에 지나치게 집중하다가 본래 전달하려는 내용이 약해질 수 있습니다. 특히, 그래프나 이미지를 배치할 때는 관련된 설명이 충분히 포함되도록 하고, 신문 전체가 논리적으로 구성되었는지 확인하는 것이 중요합니다.

🔍 | 영어 동화책 만들기

대상 학년 5~6학년

대상 과목 영어, 국어

핵심 성취 기준 [6영02-08]
예시문을 참고하여 목적에 맞는 간단한 글을 쓴다.

[6영01-08]
다양한 매체로 표현된 담화나 글을 흥미와 자신감을 가지고 듣거나 읽는다.

[6국03-04]
독자와 매체를 고려하여 내용을 생성하고 표현하며 글을 쓴다.

활용 AI 플랫폼 뤼튼(Wrtn), 캔바(Canva)

차시별 흐름	
차시	**주제**
1~2	동화책의 특징과 이야기의 3요소를 알고, '뤼튼'을 활용하여 나만의 동화책 줄거리 만들기
3~4	'뤼튼'을 활용하여 나만의 동화책을 번역하고, 나만의 이야기에서 비슷한 내용끼리 페이지 나누기
5~6	'캔바'를 활용하여 나만의 영어 동화책 글과 그림을 배치하고 디자인하기
7~8	나만의 영어 동화책을 발표하고, 모둠원과 공유한 뒤 감상문 작성하기

영어 과목은 교사의 언어에 대한 지식을 바탕으로 수업을 진행하기에 가르치는 것에 꽤나 부담스러움을 느끼는 교사들이 많습니다. 이 수업은 학생들이 영어를 보다 창의적이고 주도적으로 학습할 수 있도록 설계되었습니다. 기존의 교사가 주도하는 수업 방식에서 벗어나, 학생들이 직접 동화책을 구상하고, 이를 영어로 번역하며, 디자인까지 스스로 진행하는 과정을 통해 영어에 대한 흥미와 이해를 깊이 있게 확장할 수 있도록 하는 것이 주요 목표입니다.

특히, 수업에서 '뤼튼'과 '캔바'와 같은 AI 툴을 활용하여 학생들이 실제로 자신만의 영어 동화책을 제작할 수 있도록 합니다. 이러한 과정은 학생들의 디지털 리터러시와 창의적 문제 해결 능력을 함께 신장시킬 수 있습니다. 또한, 프로젝트를 통해 협력과 의사소통의 중요성을 체감하게 함으로써, 영어 학습이 단순한 언어 교육을 넘어 종합적인 사고력과 표현력을 기를 기회가 될 것입니다.

배움단계 (시량)	교수·학습활동	자료(자) 및 유의점(유)

배움열기
(10′)
	⚙️ **학습 동기 유발**
	• 다양한 동화책의 표지들을 살펴보며 많은 사람에게 오랫동안 사랑받은 동화들에 관해서 이야기를 나누어 본다.
	
	⚙️ **배움 목표**
	• 배움 목표 알아보기
	  나만의 동화책을 구상할 수 있다.
	
	⚙️ **배움 순서**
	• 배움 순서 알아보기
	  배움 1. 동화책의 특징 이해하기
	  배움 2. 나만의 동화책 설계하기
		(자) PPT

배움활동
(60′)
	⚙️ **배움 1. 동화책의 특징 이해하기**
	○동화책의 특징 발견하기
	• 다양한 동화책 속에서 공통된 특징 발견하기
	  - 모둠별로 다양한 동화책을 살펴보기
	  - 여러 동화책 속에서 공통된 특징 찾아내기
	○이야기의 요소 이해하기
	• 이야기의 3요소가 무엇인지 이해하기
	  - 이야기의 3요소가 인물, 배경, 사건임을 알기
	
	⚙️ **배움 2. 나만의 동화책 설계하기**
	○나만의 동화책의 요소 구상하기
	• 이야기의 3요소 선정하기
	  - 나만의 동화책의 인물, 배경, 사건을 선정하기
		(자) PPT, 활동지
		
		(자) PPT. 활동지, 스마트단말기
		(유) 나만의 이야기가 너무 길어지지 않도록 간단한 이야기 줄거리를 뤼튼에 요청하도록 합니다.

	○ '뤼튼'을 활용하여 동화책 줄거리 만들기 • '뤼튼' 회원가입 및 로그인하기 • '뤼튼'에 나만의 이야기의 3요소를 제시하여 간 단한 동화책 줄거리를 만들고 제목 만들기	

배움정리
(10')
	⚙ **배움 활동 정리**
	• 배움 활동 정리
	  - 동화책의 특징과 이야기의 3요소를 알고 '뤼
	   튼'을 활용하여 나만의 동화책 줄거리 만들기
	
	⚙ **차시 예고**
	• 다음 시간에 배울 배움 주제 확인하기
	  - 나만의 영어 동화책 번역하기
		(자) PPT

배움 1

🤖 활동 목적

1) 이야기의 3요소가 무엇인지 이해할 수 있습니다.

🤖 활동 방법

1) 다양한 동화책 속에서 공통된 특징 발견하기

   - 모둠별로 다양한 동화책을 살펴보기

   - 여러 동화책 속에서 공통된 특징 찾아내기

2) 이야기의 요소 이해하기

   - 이야기의 3요소가 인물, 배경, 사건임을 알기

◆◆ 활동 팁 ◆◆

1) 아이들에게 친숙한 이솝우화나 전래동화 등을 이용해서 단순하게 인물, 배경, 사건을 제시할 수 있도록 하면 이야기의 3요소를 빠르게 찾을 수 있습니다.

활동 목적

1) 나만의 동화책의 3요소를 구상할 수 있습니다.

2) '뤼튼'의 활용법을 알 수 있습니다.

3) '뤼튼'을 활용하여 나만의 동화책 줄거리와 제목을 만들 수 있습니다.

활동 방법

1) 나만의 동화책의 요소 구상하기

  - 나만의 동화책의 인물, 배경, 사건을 선정하기

2) '뤼튼' 회원가입 및 로그인하기

  - 구글 학생용 계정을 생성하여 회원가입 및 로그인하기

3) '뤼튼'을 활용하여 동화책 줄거리 만들기

  - '뤼튼'에 나만의 이야기의 3요소를 제시하여 간단한 동화책 줄거리
    를 만들고 제목 만들기

◆◆ 활동 팁 ◆◆

1) '뤼튼'을 시작하기 전, 구글 계정 등으로 회원가입을 할 수 있게 준비를 합
   니다.

2) '뤼튼'을 활용해 나만의 동화책 줄거리를 만들 때, 프롬프트를 바꿔 적절하
   게 수정할 수 있습니다.

영어동화책 1~2차시	나만의 동화책 구상하기	학년 반 이름:

■ 동화책이 갖고 있는 특징은 무엇이 있을까요?

■ 이야기의 3요소가 무엇인지 써 봅시다.

■ 이야기의 3요소를 포함하여 나만의 동화책 줄거리를 간략히 써 봅시다.

3~4차시

배움단계 (시량)	교수·학습활동	자료(자) 및 유의점(유)
배움열기 (10')	⚙ **전시학습 상기 및 동기 유발** • 전시학습 상기 - 동화책의 특징과 이야기의 3요소를 알고 '뤼튼'을 활용하여 나만의 동화책 줄거리 만들기 • 동기 유발 - 우리가 알고 있는 영어 동화책 중 서양에서 온 동화책 살펴보기 - 흔히 보던 한국 동화책과 원서 동화책 눈으로 비교해 보기 ⚙ **배움 목표** • 배움 목표 알아보기 나만의 동화책 줄거리를 영어로 번역할 수 있다. ⚙ **배움 순서** • 배움 순서 알아보기 배움 1. 나만의 동화책 번역하기 배움 2. 나만의 영어 동화책 이해하기	(자) PPT
배움활동 (60')	⚙ **배움 1. 나만의 동화책 번역하기** ○ '뤼튼'을 활용하여 동화책 번역하기 • 나만의 동화책 줄거리를 쉬운 수준의 영어로 번역 요청하기 • 나만의 동화책 줄거리를 한글 한 줄, 영어 한 줄로 나열하도록 요청하기	(자) 스마트 단말기

	⚙ 배움 2. 나만의 영어 동화책 이해하기	(자) 스마트단
	○ '뤼튼'을 활용하여 동화책 번역본 이해하기	말기, 활동지
	• 나만의 동화책을 읽어 보며 배웠던 단어와 표현을	(유) 모르는
	살펴보고 새롭게 알게 된 단어와 표현 정리하기	단어와 표현
	○ 비슷한 내용끼리 묶어 페이지 나누기	을 모두 다
	• 한글과 영어로 한 줄씩 나열된 나의 이야기를 보면	쓸 필요가 없
	서 비슷한 내용끼리 묶기	도록 지도합
	• 비슷한 내용을 한 페이지로 만들어 중심 내용 정리	니다.
	하기	

배움정리
(10')
	⚙ 배움 활동 정리
	
	• 배움 활동 정리
	  - '뤼튼'을 활용하여 나만의 동화책을 번역하고, 새
	    롭게 알게 된 단어와 표현 정리하기
	  - 나만의 이야기에서 비슷한 내용끼리 묶어 페이지
	    나누기
	
	⚙ 차시 예고
	
	• 다음 시간에 배울 배움 주제 확인하기
	  - 나만의 영어 동화책 디자인하기
		(자) PPT

활동 목적

1) '뤼튼'을 활용하여 나만의 동화책을 번역할 수 있습니다.
2) 동화책 번역본을 읽으며 배웠던 단어와 표현을 살펴보고 새롭게 알게 된 단어와 표현을 정리할 수 있습니다.
3) 동화책의 내용을 살펴보며 페이지를 나눌 수 있습니다.

활동 방법

1) 나만의 동화책 줄거리를 쉬운 수준의 영어로 번역 요청하기
2) 나만의 동화책 줄거리를 한글 한 줄, 영어 한 줄로 나열하도록 요청하기
3) '뤼튼'을 활용하여 동화책 번역본 이해하기
   - 나만의 동화책을 읽어 보며 배웠던 단어와 표현을 살펴보고 새롭게 알게 된 단어와 표현 정리하기
4) 비슷한 내용끼리 묶어 페이지 나누기
   - 한글과 영어로 한 줄씩 나열된 나의 이야기를 보면서 비슷한 내용끼리 묶기
   - 비슷한 내용을 한 페이지로 만들어 중심 내용 정리하기

1) 모르는 단어와 표현이 많을 때, 모든 것을 활동지에 정리하기보다는 내가
   알고 싶고 이해하기 쉬운 부분을 골라서 정리할 수 있도록 합니다.
2) 페이지를 나눌 때 쪽수가 너무 많거나 한 페이지에 너무 많은 내용이 들어
   가지 않게 잘 조절합니다.

영어동화책 3~4차시	나만의 영어 동화책 이해하기	학년 반 이름:

■ 내가 알고 있는 영어 단어와 표현들을 뜻과 함께 정리해 봅시다.

> happy 기쁜

■ 새롭게 알게 된 영어 단어와 표현들을 뜻과 함께 정리해 봅시다. 뜻을 모르는 경우, 뤼튼이나 영어사전을 활용해 찾아봅시다.

> Once upon a time 옛날 옛적에

영어동화책 3~4차시 | 나만의 영어 동화책 이해하기

학년   반
이름:

■ 나만의 영어 동화책에서 비슷한 내용끼리 묶어 페이지를 나누고,
각 페이지의 중심 내용을 간략하게 정리해봅시다. (9페이지 이내)

1페이지	2페이지	3페이지

4페이지	5페이지	6페이지

7페이지	8페이지	9페이지

5~6차시

배움단계 (시량)	교수·학습활동	자료(자) 및 유의점(유)

배움열기
(10')
	⚙️ **전시학습 상기 및 동기 유발**
	• 전시학습 상기
	  - 나만의 영어 동화책 번역하기
	• 동기 유발
	  - 같은 이름과 내용이지만 서로 다른 출판사의
	    동화책들 살펴보기
	  - 각 동화책마다의 차이점을 생각해 보고 나의
	    마음에 드는 동화책 골라 보기
	
	⚙️ **배움 목표**
	• 배움 목표 알아보기
	  나만의 영어 동화책을 디자인할 수 있다.
	
	⚙️ **배움 순서**
	• 배움 순서 알아보기
	  배움 1. 영어 동화책 글 배치하기
	  배움 2. 영어 동화책 배경 제작하기
		(자) PPT

배움활동 (60')	⚙️ **배움 1. 영어 동화책 글 배치하기** ○캔바 활용법 알기 • 캔바 회원가입 및 로그인하기 • 캔바 사용법 알아보기 ○캔바를 활용하여 영어 동화책 글 배치하기 • '스토리 북' 템플릿(8×8인치) 열기 • 앞표지와 뒤표지를 비워 두고, 미리 나누어 둔 페이지에 맞게 글 배치하기	(자) 스마트단말 기, 활동지

4부. AI 활용교육 프로젝트   263

	⚙ 배움 2. 영어 동화책 배경 제작하기	(자) 활동지, 스마
	○ 캔바를 활용하여 영어 동화책 배경 제작하기	트단말기
	• 'AI 이미지 만들기'로 각 페이지에 알맞은 그림	(유) 글자가 잘 보
	배경 만들기	일 수 있게 크기
	- 앞표지와 뒤표지에 어울리는 그림 제작하기	를 조정하고, 배
	○ 나만의 영어 동화책 완성하기	경과 겹치지 않게
	• 표지와 내용에 어울리는 글자 폰트, 글자 크기	배치합니다.
	설정하기	
	• 그림과 글 어울리게 배치하여 동화책 완성하기	

배움정리
(10')
	⚙ 배움 활동 정리
	
	• 배움 활동 정리
	  - 나만의 영어 동화책 글과 그림을 배치하고 디
	   자인하기
	
	⚙ 차시 예고
	
	• 다음 시간에 배울 배움 주제 확인하기
	  - 나만의 영어 동화책 전시회하기
		(자) PPT

활동 목적

1) 캔바의 활용법을 알 수 있습니다.

2) 캔바를 활용하여 영어 동화책을 디자인할 수 있습니다.

활동 방법

1) 캔바 활용법 알기

  - 캔바 회원가입 및 로그인하기

  - 캔바 사용법 알아보기

2) 캔바를 활용하여 영어 동화책 글 배치하기

  - '스토리 북' 템플릿(8×8인치) 열기

  - 앞표지와 뒤표지를 비워 두고, 미리 나누어 둔 페이지에 맞게 글 배
    치하기

♦♦ 활동 팁 ♦♦

1) 교사가 캔바 교육용 계정을 먼저 생성 후 학생 계정을 한 번에 생성하여 배
부합니다. 로그인 시 이메일 인증이 필요합니다.

활동 목적

1) 캔바를 활용하여 영어 동화책의 배경을 제작할 수 있습니다.

2) 캔바를 활용하여 영어 동화책을 완성할 수 있습니다.

활동 방법

1) 캔바를 활용하여 영어 동화책 배경 제작하기

- 'AI 이미지 만들기'로 각 페이지에 알맞은 그림 배경 만들기

- 앞표지와 뒤표지에 어울리는 그림 제작하기

2) 나만의 영어 동화책 완성하기

- 표지와 내용에 어울리는 글자 폰트, 글자 크기 설정하기

- 그림과 글을 어울리게 배치하여 동화책 완성하기

◆◆ 활동 팁 ◆◆

1) 캔바로 동화책 배경을 만들 때, 글자가 잘 보이게 배경을 제작합니다.

2) 작품이 완성되면 '제출' 버튼을 눌러 교사가 확인하여 출력할 수 있습니다.

7~8차시

배움단계 (시량)	교수·학습활동	자료(자) 및 유의점(유)
배움열기 (10')	⚙ **전시학습 상기 및 동기 유발** • 전시학습 상기 　- 나만의 영어 동화책 디자인하기 • 동기 유발 　- 나만의 영어 동화책 출력본을 엮어서 제본하기 ⚙ **배움 목표** • 배움 목표 알아보기 　나만의 영어 동화책을 발표할 수 있다. ⚙ **배움 순서** • 배움 순서 알아보기 　배움 1. 나만의 영어 동화책 발표하기 　배움 2. 동화책 감상문 작성하기	(자) PPT, 영어 동화책 출력물, 가위, 스테이플러
배움활동 (60')	⚙ **배움 1. 나만의 영어 동화책 발표하기** ○ 나만의 영어 동화책 발표하기 • 나만의 영어 동화책 스스로 읽어 보며 말하기 연습하기 • 나만의 영어 동화책을 모둠원 앞에서 읽으면서 발표하기 ⚙ **배움 2. 동화책 감상문 작성하기** ○ 동화책 감상문 작성하기 • 다른 모둠원들의 영어 동화책을 서로 교환해서 읽어 보기	(자) 나만의 영어 동화책 (유) 어려운 단어나 표현을 읽을 때는 친구와 교사의 도움을 받습니다. (자) 활동지 (유) 모둠원들의 동화책 설명을 들으면서 내용을 이해하도록 합니다.

	• 모둠원들의 영어 동화책을 읽고 감상문 작성하기	
	• 새롭게 알게 된 영어 표현 정리하기	
배움정리 (10')	⚙ **배움 활동 정리** • 프로젝트 정리 - 프로젝트를 통해 좋았던 점, 아쉬웠던 점, 새롭게 알게 된 점 정리하기	(자) PPT

활동 목적

1) 나만의 영어 동화책을 소리 내어 읽을 수 있습니다.

2) 나만의 영어 동화책을 친구들 앞에서 발표할 수 있습니다.

3) 모둠원의 동화책을 읽고 감상문을 작성할 수 있습니다.

4) 새롭게 알게 된 영어 표현을 정리할 수 있습니다.

활동 방법

1) 나만의 영어 동화책 발표하기

- 나만의 영어 동화책 스스로 읽어 보며 말하기 연습하기

- 나만의 영어 동화책을 모둠원 앞에서 읽으면서 발표하기

2) 동화책 감상문 작성하기

- 다른 모둠원들의 영어 동화책을 서로 교환해서 읽어 보기

- 모둠원들의 영어 동화책을 읽고 감상문 작성하기

- 새롭게 알게 된 영어 표현 정리하기

영어동화책 7~8차시	영어 동화책 감상하기	학년 반 이름:

■ 모둠원들의 영어 동화책을 읽어보며 감상문을 써 봅시다.

영어동화책 7~8차시	영어 동화책 감상하기	학년 반 이름:

■ 모둠원들의 영어 동화책을 읽어보며 새롭게 알게 된 표현을 정리해봅시다.

■ 영어 동화책 만들기 프로젝트를 되돌아보며 아래를 정리해봅시다.

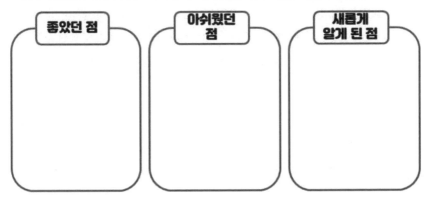

좋았던 점

아쉬웠던 점

새롭게 알게 된 점

평가항목	잘함	보통	미흡
이야기의 3요소(인물, 배경, 사건)를 바탕으로 동화책의 줄거리를 구상할 수 있는가?			
동화책 제작 과정에서 배운 새로운 영어 표현을 정리할 수 있는가?			
동화책의 글과 이미지를 적절히 배치할 수 있는가?			
나만의 영어 동화책을 발표하고, 모둠원들에게 자신 있게 설명할 수 있는가?			

이런 활동도 할 수 있어요

1. 영어 동화책 전시회 열기

학생들이 제작한 동화책을 학교나 학급 내에서 전시하면서 학생들은 자신이 만든 작품에 대해 피드백을 받을 수 있습니다. 이는 학생들에게 성취감을 줄 뿐만 아니라, 영어 학습에 대한 동기를 높이는 데 도움이 됩니다.

2. 영어 동화책을 애니메이션으로 제작하기

'애니메이커(Animaker)' 등의 다른 애니메이션 제작 도구를 활용하여, 동화책의 이야기를 애니메이션으로 표현할 수 있습니다. 이 활동을 통해 학생들은 창의력과 디지털 미디어 활용 능력을 더욱 강화할 수 있습니다.

수업 장면

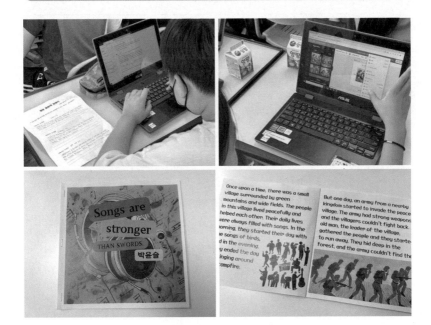

〈그림 64~67〉 수업 장면

Q&A

Q 번역한 내용을 페이지별로 묶는 작업이 복잡하지 않을까요?

A 학생들이 번역한 내용을 어떻게 페이지로 나누어야 하는지 어려워하는 경우가 있습니다. 학생들이 페이지의 순서를 정할 때 어떠한 기준에 따라 나누는 것이 좋은지 명확한 기준을 세우고, 필요에 따라 학생들이 만든 페이지 레이아웃을 검토하여 수정하는 시간을 가질 수 있습니다. 간단한 이야기 구조를 시각적으로 표현하여 나눠 보는 것도 도움이 될 수 있습니다.

Q 학생들이 동화책을 발표할 때 어떤 점을 주의해야 하나요?

A 학생들이 만든 동화 내용 중에서 읽기 어려운 부분이 있다면 교사의 도움으로 함께 읽어 나가도록 합니다. 자신이 직접 영어로 작문한 내용이 아니기 때문에, 읽기 어려운 문장과 단어가 있는 것은 자연스러운 것임을 알려 줍니다.

현장에서 엄선한 AI 도구 설명

이 부록에서는 앞서 소개드린 다양한 프로젝트 사례집에 필요한 AI 툴 사용법에 대해 설명합니다. 현재 시중에는 200여 개에 가까운 AI 툴들이 있기에 선생님들께서 도대체 어떤 도구를 사용하는 게 좋을지 많은 고민들이 있을 것이라 생각되어 저희 집필진들이 하나하나 분석하고 고민하여 가장 활용이 많이 되는 유용한 AI 툴들만을 선별해서 알려 드립니다. AI 툴에 대한 자세한 내용보다는 바로 현장에서 쓸 수 있으며, 1~4부의 프로젝트에서 활용했던 기능을 우선으로 단계별로 안내하니, 꼭 실습과 함께 차근차근 따라 해 보시는 것을 추천합니다.

PPT 제작 도우미,
감마(Gamma)

1. 감마란?

https://gamma.app/

인공지능을 이용해 1분 만에 PPT를 만들어 주는 도구입니다. 감마는 다양한 교과에서 자주 쓰이지만 특히 국어 교과와 같이 자신의 생각을 정리하여 발표해야 하는 수업에서 활용이 가능합니다. 이전에는 PPT를 제작하는 수업에서는 선생님들이 아예 차시를 새로 구상하거나 창의적체험활동 시간을 이용해 직접 아이들에게 하나하나 가르쳤지만 이제는 해당 툴을 이용해 10~15분 만에 학생들이 자신만의 프레젠테이션을 제작할 수 있기에 실제 교실에서 활용도가 매우 높은 AI 툴이라고 할 수 있습니다. 만 14세 이하의 학생들이 사용할 수 없기에 선생님께서 직접 몇 가지 예시 PPT를 제작하여 공유하는 방법으로 수업을 진행할 수 있습니다.

2. 구글 아이디를 이용한 로그인

<그림 68〉 Gamma 로그인   〈그림 69〉 구글 로그인

3. 주요 기능

가. 새로 만들기 → 생성

〈그림 70〉 새로 만들기   〈그림 71〉 AI로 만들기

나. 프롬프트 입력하기 → 개요 생성

<그림 72> 프롬프트 입력 　　　　　　 <그림 73> 개요 작성

다. 테마 선택 → 생성 → PPT 제작

<그림 74> 테마 선택 　　　　　　 <그림 75> PPT 생성

4. 부가 기능

가. 공유

⟨그림 76⟩ 공유 버튼

나. 내보내기

⟨그림 77⟩ 내보내기

어디에나 쓸 수 있는 텍스트, 이미지 생성 AI, 뤼튼(Wrtn)

1. 뤼튼이란?

> **https://wrtn.ai/**

뤼튼은 한국형 'ChatGPT'로 익히 알려져 있습니다. 기존의 ChatGPT와 다른 점이 크게 2가지가 있는데 하나는 보호자 동의 시 학생들에게 사용이 가능하다는 점이고, 다른 하나는 정보 검색 시 할루시네이션 효과를 방지하기 위한 출처 표시가 되어 있다는 점입니다. 이 2가지 차별점을 바탕으로 뤼튼은 현재 교실에서 많이 사용하는 AI 툴 중 하나입니다.

2. 구글/카카오/네이버 아이디를 이용한 로그인

〈그림 78〉 Wrtn 로그인   〈그림 79〉 Wrtn 로그인

3. 주요 기능

가. 질문, 자료조사 등 프롬프트 입력

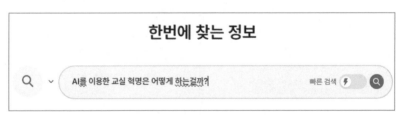

〈그림 80〉 질문(프롬프트) 입력

나. 답변

〈그림 81〉 AI 생성

다. 출처

〈그림 82〉 Wrtn 출처   〈그림 83〉 Wrtn 출처

4. 부가 기능

가. 모델 설정 → 이미지 생성을 위한 프롬프트 입력

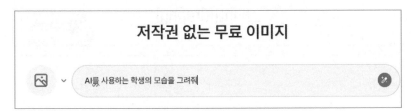

〈그림 84〉 AI 모델 설정

〈그림 85〉 생성된 이미지

그래프 제작 도우미,
그래피(Graphy)

1. 그래피란?

https://graphy.app/

그래피는 데이터를 쉽게 그래프로 시각화할 수 있도록 돕는 도구입니다. 이 툴을 활용하면 복잡한 숫자나 정보를 간단하고 이해하기 쉬운 그래프로 변환할 수 있습니다. 그래피는 수학 교과에서 자주 활용되는데 특히 꺾은선그래프, 막대그래프, 원그래프 등 다양한 그래프를 그리거나 사회 교과에서 데이터를 시각적으로 나타내고자 할 때 활용할 수 있습니다. 다만 만 14세 이하의 학생들이 사용할 수 없으므로 선생님께서 직접 학생들로부터 데이터를 받아 제작하는 방식으로 수업을 진행할 수 있습니다.

2. 구글 아이디를 이용한 로그인

〈그림 86〉 Graphy 로그인

3. 주요 기능

가. 새로운 프로젝트 생성을 위해 좌측 상단 '+' 클릭

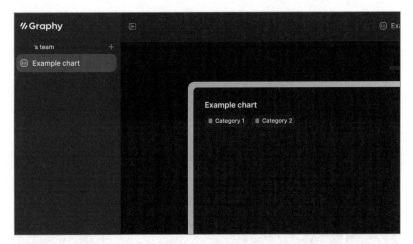

〈그림 87〉 그래프 생성

나. 그래프 종류 중 막대그래프 클릭

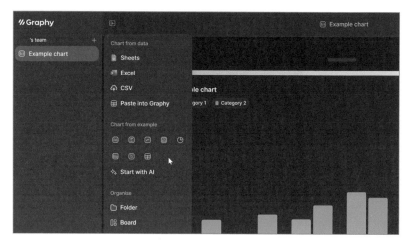

〈그림 88〉 그래프 종류 선택

다. 그래프 제목 변경

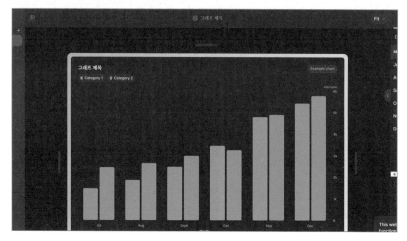

〈그림 89〉 그래프 디자인 설정

라. 표 확장하여 수치 및 항목 입력

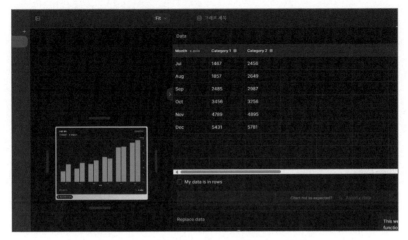

〈그림 90〉 그래프 데이터 입력

마. 마우스 커서를 올리면 수치 분석 가능(영어)

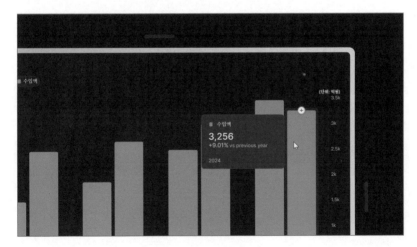

〈그림 91〉 그래프 분석

바. 'Visualise' 클릭하여 그래프 종류 선택 가능

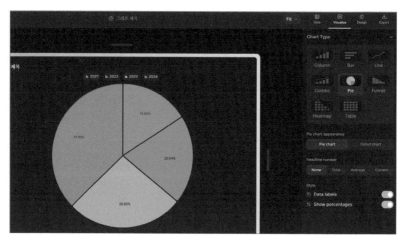

〈그림 92〉 그래프 모델 종류 변경

사. 'Export' 클릭하고 모양 선택 후 다운로드

〈그림 93〉 내보내기

작곡 도우미 AI, 수노(Suno)

1. 수노란?

https://suno.com/

수노는 AI로 음악을 생성할 수 있는 툴입니다. 즉, 간단한 프롬프트 입력만으로도 음악을 만들 수 있는 작곡, 생성형 인공지능인데 음악 교과에서 자주 쓰지만, 그 외에도 체육 교과 표현 활동의 배경 음악이나 만들어진 음악에 가사를 수정할 수 있어 교과 개념 암기송, 학급을 대표하는 음악 등 다양한 방면에서 무궁무진하게 활용이 가능합니다. 다만 만 14세 이하의 학생들이 사용할 수 없으므로 선생님께서 직접 학생들에게 프롬프트를 받아서 만들어 줘야 합니다.

2. 구글 아이디를 이용한 로그인 → Create 클릭

〈그림 94〉 수노 로그인

3. 주요 기능

가. Create 클릭

〈그림 95〉 생성하기

나. 프롬프트 입력(Custom 모드 Off)

〈그림 96〉 프롬프트 입력

다. 노래 들어 보기

〈그림 97〉 생성된 노래

〈그림 98〉 생성된 노래

4. 부가 기능

가. Custom 모드를 On할 경우 곡을 만들 때 곡 가사, 분위기 등을 자유롭게 설정할 수 있습니다.

〈그림 99〉 프롬프트 입력

나. 이미 만들어진 곡을 새롭게 설정할 수 있습니다.

    1) 수정하려는 곡의 Extend 클릭

〈그림 100〉 곡 수정하기

다. 공유하기

    1) 다운받으려는 곡의 오른쪽 '점 세 개' 클릭

    2) DownLoad의 Audio 클릭

〈그림 101〉 내보내기

1. 캔바란?

https://www.canva.com/ko_kr/

캔바는 PPT, 포스터, 문서 및 기타 시각 자료를 만들기 위해 AI를 활용하는 툴입니다. 앞서 소개해 드린 AI 툴 중에서 가장 교실에서 활용도가 높고, 실제로도 많이 사용하는 툴을 하나만 선택하라고 한다면 바로이 캔바가 될 것입니다. 학생들이 프로젝트 수업의 결과물을 생산하기위해 가장 쉽게 사용할 수 있는 AI 툴이기 때문입니다. 템플릿을 하나선택하여 이미지 생성 AI를 이용해 필요한 이미지들을 만들고, '마법의가루' 기능을 통해 문장을 다듬거나 아예 어투를 바꿀 수 있어 활용도가높습니다.

2. 구글 아이디를 이용한 로그인

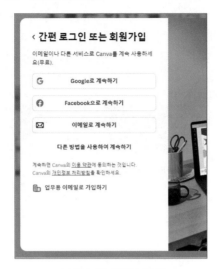

〈그림 102〉 캔바 로그인

3. 주요 기능

가. 디자인 만들기 클릭

〈그림 103〉 캔바 홈 화면

나. 만들고자 하는 양식 선택

〈그림 104〉 디자인 만들기

다. 편집 시작

〈그림 105〉 편집

4. 부가 기능

가. 이미지 생성하기

1) 'Magic Media' 클릭

〈그림 106〉 Magic Media

2) 프롬프트 입력 후 이미지 생성

<그림 107> 이미지 생성

3) 이미지 선택

<그림 108> 생성된 이미지 선택

나. 문장 다듬기

1) 텍스트 입력 후 'Magic Write' 클릭

〈그림 109〉 Magic Write 클릭

2) 원하는 기능 선택

〈그림 110〉 Magic Write 종류 선택

3) AI를 이용한 수정

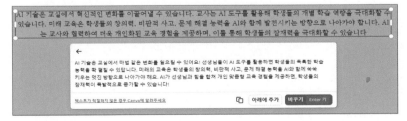

〈그림 111〉 Magic Write로 문장 수정

4) 적용

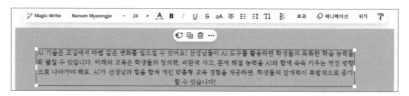

<그림 112> 수정된 문장

간단한 프롬프트만으로 비디오를 만드는 AI, 브루(Vrew)

1. 브루란?

https://vrew.ai/ko/

브루는 AI를 활용해 영상을 제작할 수 있는 툴입니다. 영상 제작에 어려움을 겪는 학생들을 위해 프롬프트만으로 대본을 만들고 이미지와 음성, 배경음악을 넣어 영상을 제작할 수 있도록 도와줍니다. 특히 국어나 사회교과와 같이 프로젝트의 결과물을 제시해야 하는 수업에서 활용도가 높으며, 굳이 교과가 아니더라도 학급 운영 중에 다양하게 활용할 수 있습니다. 다만, 브루는 프로그램을 설치하여야 한다는 점이 진입장벽이라고 생각이 되는데, 학기 초인 3월에 미리 학생들의 단말기에 설치하고 사용법을 가르쳐 준다면 1년 내내 영상 자료들을 만들어 풍성한 결과 공유 시간이 될 것입니다.

2. 다운로드 및 프로그램 화면

〈그림 113〉 브루 홈 화면

〈그림 114〉 브루 프로그램 홈 화면

3. 자체 계정으로 로그인하기

Vrew에 오신 걸 환영해요

로그인 하시고 지금 바로 체험해보세요.

이메일

이메일 주소 입력

비밀번호

비밀번호 (6자~16자, 영문/숫자 필수)

✓ 로그인 상태 유지   비밀번호 찾기

로그인

〈그림 115〉 브루 로그인

4. 주요 기능

가. '새로 만들기' 클릭 → 텍스트로 비디오 만들기 클릭

〈그림 116〉 새로 만들기

나. 화면 비율 정하기

→ 일반적으로 유튜브 비율(16:9)을 선택합니다.

〈그림 117〉 화면 비율 정하기

다. 비디오 스타일 정하기

〈그림 118〉 비디오 스타일 선택하기

라. 영상 만들기

1) 프롬프트 입력 및 'AI 글쓰기' 클릭

〈그림 119〉 프롬프트 입력

2) AI가 생성한 대본 및 스타일 설정

〈그림 120〉 생성된 영상 대본

3) 생성된 영상 편집

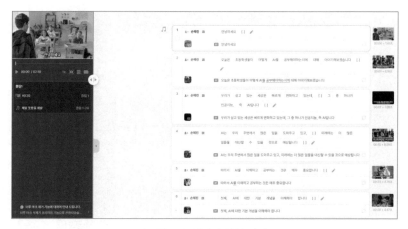

〈그림 121〉 생성된 영상 편집

4) 영상 내보내기

〈그림 122〉 내보내기

〈그림 123〉 내보내기

2022 개정 교육과정
인공지능
융합 프로젝트
수업 키트

ⓒ 박지헌 · 임현빈 · 최은희 · 김동건 · 하지수 · 하혜지, 2025

초판 1쇄 발행 2025년 2월 3일

지은이   박지헌 · 임현빈 · 최은희 · 김동건 · 하지수 · 하혜지
펴낸이   이기봉
편집   좋은땅 편집팀
펴낸곳   도서출판 좋은땅
주소   서울특별시 마포구 양화로12길 26 지월드빌딩 (서교동 395-7)
전화   02)374-8616~7
팩스   02)374-8614
이메일   gworldbook@naver.com
홈페이지 www.g-world.co.kr

ISBN   979-11-388-3948-8 (93370)